太极拳推手教程

武冬 主编

北京体育大学出版社

策划编辑：佟　晖
责任编辑：佟　晖
责任校对：未　茗
版式设计：佟　晖

图书在版编目（CIP）数据

太极拳推手教程 / 武冬主编 . -- 北京 : 北京体育大学出版社, 2015.11 （2024.9重印）

ISBNv 978-7-5644-2116-8

Ⅰ . ①太… Ⅱ . ①武… Ⅲ . ①太极拳 – 推手（武术）– 高等学校 – 教材 Ⅳ. ①G852.11

中国版本图书馆 CIP 数据核字 (2015) 第 279931 号

太极拳推手教程

TAIJIQUAN TUISHOU JIAOCHENG

武冬　主编

出版发行：北京体育大学出版社
地　　址：北京海淀区农大南路1号院2号楼2层办公B-212
邮　　编：100084
网　　址：http://cbs.bsu.edu.cn
发 行 部：010-62989320
邮 购 部：北京体育大学出版社读者服务部 010-62989432
印　　刷：三河市龙大印装有限公司
开　　本：787mm × 1092mm　　1/16
成品尺寸：185mm × 260mm
印　　张：10.5
字　　数：269千字
版　　次：2015年11月第1版
印　　次：2024年9月第4次印刷
定　　价：40.00元

序

人才培养是高等学校的根本任务，对处于学校工作中心地位的教学工作来说，其质量建设是高等学校的永恒主题。作为传授知识、掌握技能、提高素质的载体，教材在人才培养过程中起着非常重要的作用，是高等学校提高教学质量，促进内涵发展的有力抓手。

一本好的教材，不仅要充分体现教材应有的基础性、示范性和权威性，还要正确把握教学内容和课程体系的改革和创新方向，充分反映学科的教育思想观念、人才培养模式以及教学科研的最新成果，集中展现教材体系的创新，教材内容的更新和教学方法、手段的革新，善于处理好理论与实践、继承与创新、广度与深度、知识与技能、利学与利教的关系，成为开拓学生视野、引导学生探索、鼓励学生奋进的学业与人生兼备的“工具书”。

从中央体育学院到北京体育学院再到北京体育大学，这60年的办学历程，是继承发展的60年，是改革创新的60年，也是教材建设硕果累累的60年。学校不断探索教材建设的内在规律，引领高等体育教育教材建设的创新之路，发展了具有自身特色的教材体系，形成了特色鲜明的三个发展阶段。第一阶段是在20世纪50年代至60年代，我校教师在苏联专家的指导下，制定和编写了各专业的教育计划、大纲和主要教材。这批教师在主持和参与1961年国家体委组织的体育院校18门课程教材编著工作中发挥了重要作用；而这批教材也成为我国独立编写的、对苏联教材模式有所突破的第一批体育院校教材。第二阶段是20世纪70年代末至90年代，我校教师在大量承担第二次重编体育院校教材牵头组织工作的同时，针对学校“三结合”的办学目标和人才培养模式，开始了多学科、多专业的自编教材建设。第三阶段是进入21世纪以后，特别是国家体育总局于2002年下拨教材建设专款480万元之后，我校教材建设在数量和质量上都取得了重大突破。至2010年共立项建设了涵盖我校各专业课程的187项教材，其中有4项教材获得国家级优秀（精品）教材称号，14项教材获得北京市精品教材称号。可以说上述三个阶段的发展，使我校教材建设水平达到了一个空前的高度，为高等体育人才的培养发挥了重要的作用。

为全面提高高等体育教育质量，深化高等体育教育教学改革，继续加强体育学精品教材建设，2012年初，在北京体育大学教学指导与教材建设委员会的具体指导下，我们启动了高等教育体育学精品教材建设工程。学校遴选教育部新颁布的体育学类所属的体育教育、运动训练、社会体育指导与管理、武术与民族传统体育、休闲体育、运动康复、运动人体科学 7 个本科专业的部分基础课程和主干课程开展精品教材建设。我们整合了全校的优质资源，组织专家、教授全程参与教材的规划、编写、初审、终审等过程。按照精品教材的要求，以优秀的教学团队编写优质的教材，出精品、出人才为建设思路，编委会优选学术水平与教学水平兼备、具有创新精神的专家、教授担任教材主编，组织优秀教学团队成员参与教材编写；精确定位教材适用对象，准确把握专业知识结构、能力结构和综合素质要求，深刻领会课程内涵，简洁洗练地表达知识点、能力点和素质点；融入最新的教改成果和科研成果，吸收国外优秀教材的先进理念和成果，创新利于学生自学和教师讲授的教材体例；学校还投入专项资金，对教材进行一体规划、一体设计、一体编审，并采用多色印刷技术增加教材的可读性；为全力保证教材编写质量，北京体育大学出版社资深编辑深度介入教材编写的所有环节。当这批教材展现在读者面前时，我们充满了期待。

岁月如流，薪火相传。60 年的教材建设成绩斐然，推动着体育学教材建设步入新的起点、站在新的高度。展望未来，一批批体育学精品教材将随世界一流体育大学的建设进程应运而生，不仅在学校内涵式发展的改革进程中发挥重要作用，而且在全国高等体育院校人才培养中做出积极贡献，在高等教育教材建设中留下浓墨重彩的一笔。

北京体育大学校长

校教学指导与教材建设委员会主任

2013 年 9 月

北京体育大学高等教育体育学
精品教材编委会

教材编写组

主　编：武　冬

编　委：（以姓氏笔画为序）

王美玲　王晓娜　田梦艺

朱　宏　刘宁宁　李巧玲

李英奎　李艳君　杨　丽

何　英　陈建云　竺玉明

段永斌

前 言

太极拳推手是一项极具文化内涵和独特技术的运动，相关的太极拳书籍并不少，有的院校教材中有推手内容的介绍，有的也以教材方式命名。但是，从学科视角、课程建设、教材规范审视，太极拳推手教材有明显的缺憾，存在着知识体系不完整，理论与技术内容不平衡，太极拳推手特色不突出，移植其他项目内容过多等问题。为此，本教材从以下几个方面进行了努力尝试：

1. 定位：涵盖现有教学大纲主要内容，突出教材的特性，保持学科知识体系的基础性、逻辑性、实用性。

2. 措施：精心准备，收集现有所有推手文献；精选内容，从课程建设视角和学科知识体系层次选择内容，确保教材内容是太极拳推手的精华。

3. 特色：继承传统，超越传统，科学实用，新颖可读，引领学科。

本教材由北京体育大学武术套路教研室老师通力合作，先后多次讨论提纲，针对一些主要问题进行了热烈学术讨论，最终完成了教材。

全书由武冬进行统稿和定稿，第1、2、5、7章执笔人武冬、杨丽；第3章执笔人李艳君、刘宁宁；第4章执笔人李巧玲、段永斌；第6章执笔人李英奎、朱宏；第8章执笔人闫晓鹏、鲁玉杰等。田梦艺、李伟昂、马振浩、王志强参加动作示范拍摄和第7章改写；郑茗芥负责动作照片拍摄。

在多次教材专家审定会上，张力为、王安利、葛春林、王正珍、李飞、吕韶钧、温宇红、章潮晖等老师都给予指导和帮助，佟晖编辑对书中体例也提出了宝贵意见，在此表示感谢。

限于知识水平和客观条件限制，本教材肯定有不足之处，敬请批评指正，以便不断改进完善。

目录 CONTENTS

第一章　太极拳推手概述

本章提要

1. 太极拳推手称谓众多，有打手、推手、揉手的演变。
2. 太极拳推手是一项充满东方智慧的独特运动项目。
3. 太极拳推手经历了原始、成型、成熟、发展阶段。
4. 太极拳推手具有哲学、伦理、兵法、医学内涵。
5. 太极拳推手具有全面独特的健身、防身、修身作用。
6. 太极拳推手礼仪主要有扣腕握手礼仪。

第一节　太极拳推手的基础知识

李安导演的《推手》电影你看过吗？在片中耄耋老人朱师傅，坚持正义，在餐馆里以一当十，以静制动，战胜了一群滋事流氓，赢得了中国人的尊严。他展现的就是中国武术一种独特功夫——太极拳推手！最终老人用太极功夫相伴收获了暮年爱情，益寿延年。本章将全面而精炼地介绍太极拳推手知识，引领你进入太极拳推手的美妙世界。

一、太极拳推手的名称及定义

太极拳推手有多种称谓，在不同地区，不同太极拳流派，不同太极拳老师称谓不同。早期在陈家沟有撝手、打手之称，也有叫诸靠、扳跌、挤手、缠手、交手、演手、搭手、散手等名称。民间太极拳拳师俗称打轮、划圈、摸手、摸劲等。在杨式太极拳传系中，有不少人惯用揉手。目前较为流行的名称是“推手”。但是，如果对比日本相扑“推扑”技术特点，从太极拳“以柔克刚”的特点出发，正如杨式太极拳家汪永泉先生所言“为避免因用‘推手’而产生猛推硬搡之误解，故在此引用前人‘揉手’之称谓”①。目前，本教材依然采用通行的推手名称，但是，在教学中可以使用揉手名称。

究竟什么是太极拳推手呢？

不同观点认为：“太极拳推手是太极拳技击运用的二人对练方法，是一种培养和训练周身皮肤触觉灵敏度和内体感觉的运动，”② “综合性的实习技击方法”“一种练习方法”“一种知觉运动”“一种竞技运动”等。

下定义必须抓住被定义事物的基本属性和本质特征。

首先，明确太极拳概念。太极拳是一种以阴阳太极理论为指导，应用了经络学说，吸收了各家拳法特点，结合了古代导引、吐纳之术，以柔和缓慢、重意练内为主要修炼途径，以锻炼完整身型（法）下整体的劲力为基本目的，具有多重功能、追求以柔克刚、循环往复等哲理的武术拳种。

其次，理解推手本意。推，形声。从手，隹（zhuī）声。本义是手向外用力使物体移动或向前移动。引申为推移、推测、推转、推引等多重含义。手，象形。小篆字形，象伸出五指形。本义是人体上肢的总称，一般指手腕以下的部分。其实，手在中国文字中的引申意义，远远超出了人体器官的含义，包含有技能、本领、控制的含义；而且，在太极拳推手中“手”也早已超越了“上肢”部位，涵盖全身每个部位。

因此，太极拳推手是以太极拳的劲法（掤、捋、挤、按、采、挒、肘、靠）为核心，

① 汪永泉讲授．杨式太极拳述真［M］．北京：人民体育出版社，1990：220.

② 陈龙骧，李敏弟．杨氏太极拳拳法精解［M］．成都：四川科技出版社，1997：234.

以拳势为载体，以柔克刚为理念，以听、问、引、化、拿、发为程序，以肢体粘黏连随为形式，用以体认太极拳体用兼备，由术入道的训练形式。

这个定义，突出强调了太极拳推手原本是传统太极拳训练系统中的一个过程和形式，这是它的基本属性，其主要特征是以劲法为核心，通过具体拳势，在追求柔化技击理念下，采取听劲（太极拳推手的特殊术语，实际是身体的感觉系统，对力的感知）等程序，表现为维持自己身体平衡，化解对方攻击，将对手或失去平衡跌倒，或被发放掷出，其目的是与太极拳套路练习互为依存，实现体用兼备，以及追求改变自己身心“良知良能”，由术达道的终极目标。

太极拳推手与太极拳推手竞技运动不同。太极拳推手竞技运动，简称太极拳推手运动，是指在竞技体育背景下，以竞赛规则为准则的对抗竞赛活动。太极拳推手主要指承传太极拳传统训练的一种练习形式。

二者最大不同是，目标锁定不同。太极拳推手以找劲、求劲为主要目的，补充套路练习不足，以对练形式为主，兼有解释拳势用法等作用。太极拳推手竞技运动是以取胜为目标，在不违反规则条件下，可以“不择手段”，甚至有所违背传统太极拳推手的技法和原则，而由于规则的不完善和局限，训练水平限制等因素影响，使得太极拳推手竞技运动长期备受非议，被认为“顶牛”“像摔跤”“不如相扑好看”“不是太极拳推手”等。但是，随着对太极拳推手认识加深，一定会返朴开新，繁荣发展。

二、太极拳推手的起源和发展

目前，关于太极拳推手的起源，普遍采信唐豪先生的说法。唐先生认为，陈王廷“创造了双人推手的竞技运动”①，其理由是，“双人推手和双人粘枪的方法，在俞大猷、戚继光、唐冲之、程冲斗、何良臣、茅元仪等武术著作中，都未有记载；在现存的各拳种中也没有这种训练方法。这是陈王廷独创性的竞技方法，解决了不用护具也可以练习徒手搏击技巧和提高刺枪技术的问题，这也是我国武术史上一项创造性的成就”。② 唐先生认为：“太极拳的推手方法，以缠绕粘随为中心内容，练习皮肤触觉和内体感觉的灵敏性，综合了擒、拿、跌、掷打等竞技技巧，而又有所发展。譬如拿法，它不限于专拿人的骨节，而是着重于拿人的劲路，这就比一般拿法的技巧高。陈氏这种推手方法在当初技击性是很强烈的，对抗性很强，因此对发展体力、耐力、速度、灵敏和技巧都具有相当高的价值。同时由于踢法的伤害性较大，在推手中只采用了跌法中的管脚法。”③

唐豪先生是近代著名的武术考证家，确实对武术史的研究作出贡献，值得尊敬，但是，从学术求真的角度，需要我们深入探讨一下太极拳推手的历史。

首先，推手是中国武术完整训练体系中，由近体格斗向离体格斗转换的一个训练过程，也是找劲、验证拳架对错的手段。各拳种名称不同，其实含义一致，如形意拳叫撕手，八卦掌也叫推手，戴氏形意拳叫摩手，咏春拳叫黏手，花拳叫抄手。

① ②③唐豪，顾留馨．太极拳研究［M］．北京：人民体育出版社，1992：6.

其次，推手作为一种两两较技练劲的训练方法，具有悠久的历史。任何一种技艺的产生一定会有它的源头，我们推本溯源，从推手技术本质特征探寻其演变历程。

（一）原始阶段："两两相角"的古典技击是太极拳推手的技术源头

现今出土的战国时期的"角抵"（图1－1），《汉书·艺文志》《手搏》记载的"相错蓄，相散手"，宋代的"相扑"（图1－2）等，从这些历史史料可以看出，古代的手搏、相扑、角抵等技击活动反映了一种"言二人之手臂错相聚蓄，其意即搏"（陈邦怀先生在《考古》1963年第10期《居延汉简偶谈》一文中对"相错蓄"的解释），这种搏的方法，从汉字字意到图示技术，都包含了打、踢、摔、扑、拿等多种技法，甚至可以推断，其中技法包括"推"，因此，可以说太极拳推手的技法其源头久远。

图1－1　战国·角抵图

图1－2　宋·相扑图

（二） 成型阶段：“诸靠缠绕”的打手技术是太极拳推手的技术原型

陈王廷是太极拳发展史上重要的代表人物之一。他的《拳经总歌》的开头两句： 纵放屈伸人莫知，诸靠缠绕我皆依。 唐豪先生认为： 诸靠 指的是推手八法，是两人手臂互靠，用推手八法粘贴缠绕，以练习懂劲和放劲的技巧，通过严格的和正确的锻炼，反复练习，不断提高技术水平，达到“人不知我，我独知人”的推手高级技术水平。陈国锁先生考证认为，“皆依”是陈家沟两仪堂版本用语，原古谱应该是“接衣”[①]。尽管在解释具体含义上有所不同，但是，其中所表达的近身技法，肢体蓄劲发放，以及整个《拳经总歌》所体现的“搬挒”“劈打”“推压”“闪惊巧取”“上提下顾”等技法和战术都是太极拳推手重要的技术原型素材。

（三） 成熟阶段：“懂劲柔发”的控制技术是太极拳推手技术的升华

以王宗岳的《太极拳论》为代表，提出的：“动静之机”“随屈就伸”“人刚我柔谓之走”“我顺人背为之粘”“动急则急应”“由懂劲而阶及神明”等一系列技术要求、战术观点、练习程序等充分反应了太极拳推手技战术的成熟与升华。其技术特征表现为，在陈王廷时代开始的太极拳推手技术，包括“擒、拿、跌、掷打”等技术，以“扳跌”技术见常，对身体素质要求较高，推手时出现“后腿屈膝下蹲，前腿足尖翘起，腿都着地”，可见其难度之大，技击性之高。以后发展的杨式太极拳推手显然相对早期推手而言难度降低了。（图 1－3）

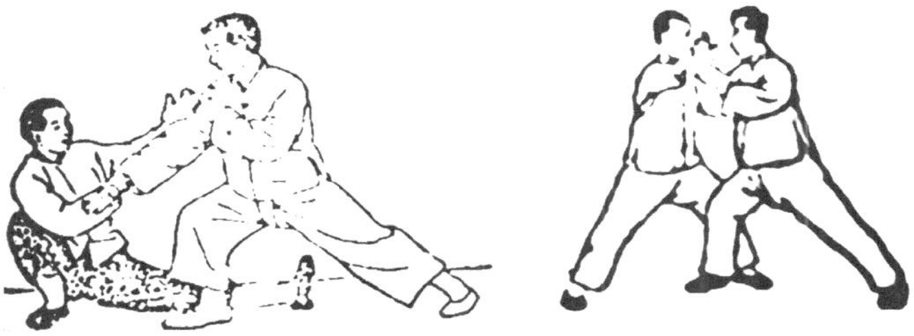

图 1－3 陈式太极拳推手与杨式太极拳推手图

其后，在杨露禅、武禹襄、李亦畬、吴鉴泉等众多太极拳家的不断完善下，逐渐形成了由打手——推手——揉手的发展历程，预示了太极拳推手，由重视外在的招式到追求内在劲法，由控制关节运动到控制劲路、劲源、劲点，由刚猛武技向柔化武技以及刚柔并济方向发展的路径，最终完成了将人类原始格斗向文明理性回归的文化过程，向世界贡献了一种独特的运动。

在明末清初，伴随着各式太极拳的发展，相应的太极拳推手也逐步发展完善，但是，始终作为与太极拳拳架（套路）相辅相成的练习形式存在，是找劲，验证拳架，提高功

① 陈国锁著，通背缠拳［M］．北京：人民体育出版社，2010：32.

力，文明交流技艺，向太极拳散手过渡训练的方式存在。

（四）发展阶段："竞赛课程"从民间自由向国家规范发展

新中国成立以后，为了满足全民健身的需要，1956 年国家体委组织专家创编了 简化太极拳"，随后也整理了《太极拳推手》，主要由推手基本动作、定步推手、活步推手三部分组成，主要是杨式太极拳推手内容，1993 年又出版了《太极拳推手对练套路》。在体育竞赛背景下，太极拳推手竞赛从 1970 年开始，将太极拳推手列入发展计划，1979 年开始试点，制定了第一部《太极拳推手竞赛暂行规则》，1982—1989 年与散打同步发展，1989 年列入太极拳剑推手比赛，1994 年增加了女子推手比赛，一直延续到 2003 年，全国正式比赛取消。此后，在一些地方性邀请赛上太极拳推手仍然有所保留。2013 年中国武术研究院再次组织专家研讨推手规则，通过 2 年实验，于 2015 年 4 月 20 日公布了新的《武术太极拳推手竞赛规则（试行）》版。规则中强调：（1）必须采用"掤、捋、挤、按、采、挒、肘、靠"的方法元素（简称八法），以及相应的步法。（2）必须贯彻"粘黏连随""刚柔相济"的原则。(3）必须在盘手（四正手）状态下完成进攻动作。此外，还要求合手演示、分领手先后进攻等要求，做了一些改进，试图能够回归太极拳推手本质特点。

北京体育大学在《2012 武术与民族传统体育专业本科教学大纲》中，率先将《太极拳推手》列为专业必修课，首次将太极拳推手作为独立课程设立。

三、太极拳推手的特点和分类

（一）太极拳推手的特点

太极拳是武术拳种之一，是武术，那么不可能脱离技击攻防性，套路和推手共同构成了太极拳"体用兼备"的技术体系。而且，推手就是一种更直接的攻防技击练习形式，这一点从太极拳拳论到推手动作含义都能充分证明。人们一向对"以柔克刚""四两拨千斤"的太极拳技击性向往之、怀疑之、否定之、坚信之……兼而有之，扑朔迷离，似乎难以说清楚，道明白。那么，究竟太极拳推手的技击性有什么特点呢？太极拳推手的技击是否就是四两拨千斤呢？真的以小打大，以慢制快吗？耄耋可御众吗？

1. 以小胜大

力度上，追求以小力打大力，以无力打有力。对太极拳推手特点的论述最为经典的当属《太极拳论》所提出的"四两拨千斤""显非力胜""舍己从人"等观点，概括而言就是以小胜大。

力学上，以较小的力可以克服较大力。如利用杠杆原理，用小的力可以橇动重的物体；再如通过改变力的作用点，用较小的力转移开较大力的作用，生活中使用的千斤顶、液压传动等就是实例。

太极拳推手中，在一定条件下确实存在以小胜大的现象，这里对胜的界定是使对方攻击落空，产生身体移动或摔倒等情况，也包括用较小的力击打对方薄弱的部位，将绝对力量大于己方的对手拿住、击伤、摔倒等。一定条件包括，双方在不脱离接触的推手状态，对方攻击力量大且无变化，对抗双方的水平程度不同等，如甲方用10公斤的直力推乙方，乙方在掌握好时机，可以通过转动身体用很小的力，化解甲方的直力攻击，使甲方摔出。

2. 以慢胜快

战术上，追求以手慢打手快，以后发而制先发。慢与快是相对的，太极拳论中的快与慢，不是绝对意义上的速度概念，更多是发招先后的含义。快速的动作，由于惯性作用，往往在动作过程中不容易改变方向，如果能够有良好的预判能力，太极拳术语称作“听劲”，就可以根据对手来力的大小、方向、作用点，采取一定方法准确地通过改变攻击力的作用点，或引空令其失重，或顺势击之等，达到制胜目的，这也是舍己从人的一种表现。在技击中动手的顺序上，显然后动胜先动，通俗的概念表述为快慢，但是，绝对不是文字上理解的快慢，即面对快速攻击，用缓慢的动作防守，否则也违背了“动急则急应”的拳论，所以说，太极拳推手的所谓慢主要是战术策略。

3. 以柔克刚

技术上，追求粘黏连随不丢顶，以柔化而制刚猛。太极拳的推手方法特点是通过采用掤劲，似有似无地粘住对方，不与对方离开，这种劲是一种可进可退的活劲，太极拳称为轻灵劲，要想粘住对方就要在变化中粘住，所谓“走即是粘，粘即是走”，这里“走”就是变化，具体方法不外乎“连”，即彼屈我伸，或者是“随”，即彼伸我屈，原则上要求不丢，即不与对方接触点脱开；不顶，即不与对方来力做无变化的相较劲，从而实现在双人接触的条件下使用技法，通过感知对方力的要素变化，引逗对方刚猛使力，以较小的劲使对方失重被制胜；与此相反的技术是用绝对的力量强攻对手，所谓的顶与抗，使蛮力。虽然这两者的界限难以定量，特别是在大强度的对抗情况下，掤与顶的界定不好评判，但是，太极拳的技术主体追求的是以柔克刚，不容置疑。

依据以上三点，我们可以归纳出太极拳推手的主要特点，技击形式以接触式为主，技击战术以后发为主，技击类型以防御为主，技击方法以柔化为主。透过太极拳推手的具体特点，似乎更深层次地反映了太极拳技击追求以柔克刚的背后是理性的“巧斗”，是文明的“斗争”，是人类理性的回归，折射的是“反者动之动，弱者道之用”的哲理，这是太极拳技击的更深层特点。

（二） 太极拳推手的分类

从步法上分，包括定步（又分合步甲乙双方同侧腿在前，顺步则相反）、活步、自由步。从上肢参与数量分，有单推手、双推手。从手臂运动轨迹分，有平圆、立圆、八字折叠、斜圆。从手的运动方向上有顺圆、逆圆。从身体部位分，有上肢，如手指、手腕、肘等；下肢，如胯、腿、膝等；躯干，如胸、背等。从运动性质分，有教学推手、竞技推手、娱乐推手。从传统太极拳流派分，有陈、杨、武、吴、孙。从是否程序化分，有固定动作、自由散推等。

不同的目的，不同的标准，有不同的分类。在以后章节中，本教材重点是按照传统太极拳流传的各式太极拳推手方法进行分类介绍，并介绍实用的竞技推手技术。

第二节 太极拳推手的文化内涵

太极拳推手是一种练习形式，更是一个中国传统文化的全息缩影，是最具代表性的中国文化符号之一。

一、太极拳推手与传统文化的契合

太极拳推手与传统文化之间，有着历史的必然联系，并非牵强附会，无稽之谈。太极拳是中华民族特有的运动，它根植在中华民族文化土壤之中，深受传统文化的影响和哺育，而且，太极拳本身就是一种文化现象，这就决定了“必然与中国传统文化中诸如哲学、宗教、文学艺术、中医、民俗、道德伦理观念以及军事等有着密切的联系和相互影响”。[①] 太极拳推手是太极拳的重要组成部分，在被创造过程中，不可抗拒地渗透着中国传统的思维模式、世界观、方法论、哲学观念，这是历史的必然。

太极拳推手与传统文化的契合是历史必然，而且这种契合不是凭空产生的。因为，“任何社会文化的交融结合都必然有它的载体与途径”[②]，太极拳推手与传统文化契合的时间、载体、途径如何？

太极拳推手，古时称“打手”，源于清王宗岳《打手》歌，这是一首七言拳术歌，讲的正是推手的技术要领。同时，王宗岳引宋儒太极学说以述太极拳理，著有经典著作《太极拳论》，这标志着传统太极理论与古典哲学文化的最终契合，这正说明推手作为太极拳的组成部分，在明末清初时期，基本完成了与传统文化的契合。从完成契合的载体来看，一类是有文化的太极拳师，翻开早期的太极拳论，如陈王庭著《拳经总歌》，通篇并无阴阳五行之说。直到十八世纪末，以王宗岳为代表的一大批有文化的太极大师，在前人拳理的基础上，用传统文化理论解释拳理，使太极拳发展到一个新的理论层次，并注入了深刻的文化内涵。这些太极大师之所以有如此贡献，与他们有较高的文化知识分不开。据《阴符枪谱·序》所记，王宗岳“少时自经史而外，黄帝、老子之书及兵家言无书不读”。陈鑫早年即应父命读书习文，深得学理，另有《安愚轩诗文集》传世。其他，如武禹襄、李亦畬、孙禄堂等不乏有较高的文化素养，他们著书立说，极大促进了太极拳推手与传统文化的契合。推动太极拳系发展的另一载体是广大的普通群众，他们尽管不像前者那样著书立说，阐发拳理，但是，他们和前者生活在共同的民族文化土壤之中，也不可避免地深受传统文化的影响。正如张岱年所说“百姓间接受古书影响很大”，这种影响更多的可能是潜意识的，朴素的“世俗化”，却较好地继承了太极拳的文化内涵，否则，我们今天也不

---

① ②周伟良，中国武术与传统文化［M］. 北京：北京体育学院出版社，1990：10－32.

可能了解这一切。

从途径来看，基本有两种，一是直接用传统文化来解释拳理。陈鑫的《陈式太极拳图说》，首次用易理说拳理；王宗岳的《太极拳论》中云 太极者，无极而生，阴阳之母等。二是通过吸收传统医学气功等理论，从中间接地吸收传统文化的精髓。陈王庭参考道家上清派的《黄庭经》中一些丹道修炼方法。太极拳还吸收气功中的“气论”理论，因此，在太极拳论中随处可见对气的论述。由此不难看出，通过这条途径，太极拳推手对传统文化的吸吮，正说明传统文化对其深厚的影响。

二、太极推拳手中的传统文化内涵

（一）“以柔克刚”的哲学内涵

太极拳推手，要求两人在不脱离接触的情况下，采用掤、捋、挤、按、采、挒、肘、靠等技法，在“粘黏连随，不丢不顶”的情况下对练。它的本质特点就在于“以柔克刚，刚柔相济”。其他拳术虽然也讲求以柔克刚，但充其量只是一种战术问题，并未真正上升到战略高度上，或者说还没有完全赋于深刻的哲学内涵。太极拳推手则不仅仅上升到战略高度，而且进入到了哲理的深层次，所以历来太极拳被称为“沾绵拳”“软拳”“化拳”“柔性拳术”，乃至“哲拳”。杨澄甫先生说“太极拳乃柔中寓刚，绵里藏针之艺术”，这一特点在推手中得到具体的体现。哲学告诉我们，世界观决定方法论，太极拳推手以柔克刚这一方法论的哲学基础，正如鲁迅先生所言，“中国根底全在道教”，太极拳推手的哲学基础也正在于此。老子是道教的代表人物，他透过不断前进的生产现象与生活实践，看到“天下莫柔于水，而攻坚彊者莫之能胜心”，意即看上去柔弱的水却能冲決一切坚强。此外，他还以草为例，“万物草木之生也柔脆，其死也枯槁”[①]，讲幼苗虽柔，可以壮大，而一旦壮大则走向死亡，于是，他用水的事例，引出“柔之胜刚”“弱之胜彊，天下莫不知，莫能行”。由草木的事例，引出“故坚强者死之徒，柔弱者生之徒”。意即只有经常处于柔弱地位，才不会由坚强而接近死亡。他通过综合大量的生动事物变化现象，终于概括出一般道理，“天下之至柔，弛骋天下之至坚”，柔到极处便是坚的极处，上升到哲学层次形成了“贵柔”“守雌”“反者道之动”“弱者道之用”的辩证哲学思想。在太极拳推手中，表现为以柔克刚，不丢、不顶、不抗、不匾，即不与对方的劲发生“顶牛”，也不与对方脱离接触，不顶牛是为了保存自己，不脱离是为伺机反攻。这里的“柔”“弱”并非是软弱无力，更不是说低下者反能战胜高强者，老子所谓的柔弱实质上是一种坚韧不露，是一种含蓄、深沉、外柔内刚的状态。正像《说剑》中庄子论剑“夫为剑者，示之以虚，开之以利，后之以发，先之以至”，即是一种“柔弱”的表现，也就是老子所谓“将欲弱之，必固强之，将欲取之，必固与之”“柔弱胜刚强”的原理。《太极拳论》云，“四两拨千斤”“耄耋能御众之形”可以说决非以力胜，关键在于以柔制胜，所以说太极

① 任继愈，老子新译［M］．上海：上海古籍出版社，1986：8－20.

拳推手以柔克刚的哲学基础是道教里 反者道之动 的方法论在技击上的具体运用。这也正反映了太极拳推手所包含的哲学内涵。

（二） “后发制人” 的伦理思想内涵

太极拳推手主要采用后发制人的战术，一般并不主动出击，强攻硬取，往往先让一步，先“化劲”后“发劲”“力由人借”“舍己从人”做到有理有节，体现了以儒家为代表的传统仁义道德伦理思想。陈鑫《陈式太极拳图说》中有云太极拳是“以易为经，以礼为纬，出入于黄老”，而且，在序里提出学太极拳首先要主“敬”，又云“我守我疆，不卑不亢”，既反映出“人不犯我，我不犯人”的和平的思想，又体现了“人若犯我，我必犯人”的不屈不饶气节。儒家伦理思想核心是“仁义”，孔子讲“非礼勿动”“克己复礼为仁”“仁者必有勇”，所以太极拳推手中，表现“守礼”，强调“仁义之荣也”，一般不先出手，出手也不以伤人致命为目的，点到为止通常以牵动对方重心失去平稳即止。而且，诸如一些拳打、脚踢、反关节擒拿、地躺法等技击方法都不列入推手范围。从运动形式来看，同是限于双手对抗的拳击与推手则形成了鲜明对比，拳击特别是古代或职业拳击，常常讲求身高体重，喜欢抢先进攻，出手见红，当仁不让，狠字当头，表现出一定残酷的竞争思想。而推手，则要求“粘黏连随，不丢不顶”“守中用中”“舍己从人”“动急则急应，动缓则缓随”“牵动四两拨千斤”表现出一种祥和的竞争意识，可谓“仁义”当先，重义轻利，包涵了丰富的伦理思想，使本来充满了火药味的武术技击性，与传统伦理思想有机融合在一起，形成了独特的技击特色。太极拳推手的“后发制人”战略思想，反映了传统仁义道德伦理内涵，使太极拳不愧为一门哲拳。

（三） 太极拳推手的兵法思想

“兵拳同源”，拳法和兵法有着共同的渊源关系，太极拳推手恰似两军对垒，其中寓含了丰富的古代兵法思想，最主要的战略战术思想直接来源于《孙子兵法》，透过太极拳推手中的战略战术，不难看出它所包含的传统古代兵法内容。

1. “知己知彼，百战不殆”

在太极拳推手中，“知己知彼”是取胜的重要原则，两人一搭手，通过皮肤触觉，就要了解对方功力大小，劲路如何，即推手术语讲的要“听劲”，同时，对自己能否战胜对手有个初步断定。《太极拳论》中讲“以己粘人，必须知人”，正透视出了孙子兵法的“知己知彼”的思想，在推手的训练过程中也反映出这一内涵。一般来讲，推手之前首先要进行“知己知彼”的练习，用盘架子练习来体会太极拳的劲路，达到“知己”功夫，即了解自己功夫，掌握对方的情况，最终，达到既知己又知彼，百战不殆。

2. “兵者，诡道也”

《孙子兵法·计篇》云，“兵者，诡道也”“故能而示之不能，用而示之不用，近而示之远，远而示之近，利而诱之，乱而取之，攻其不备，出其不意”，又说，“故兵以诈立”。因此，诡诈之道是兵法的一条规律，推手中将这一兵法规律展现得淋离尽致。表面上看，太极拳“软绵绵的不堪一击”，给人一种错觉，正是“诡”之所在。事实上，软绵绵的背后，暗藏着的是 内刚 ，正可谓 绵里藏针 。正如一位太极高手所云， 太极拳的奥妙就在一个错字上 。具体到招法上，常常是 能而示之不能 ，如对方用强力推击己方胸部，本来可以用力顶住，但是，推手中却 能而示之不能 ，诱敌深入，化解来力，然后，反作用于对方，即《太极拳论》中讲的 引进落空 ，待对方 落空 之时，方才“合即出”，反戈一击，取胜对手。

3. “奇正之变，不可胜穷也”

推手中奇正概念十分丰富，方法上，掤为正时，捋为奇；捋为正时，挤又为奇。奇正相生，如环之无端无穷无尽，奇无不正，正无不奇，奇中有正，正中有奇。形式上，有四正手推手法，四隅（四奇）推手法等。虚实上，层出不穷，方能取胜，《孙子兵法 势篇》“可使必受敌而无攻者，奇正是也”“凡战者，以正合，以奇胜”的奇正思想贯穿于推手整个过程。

4. “兵因敌而制胜”

太极拳推手“后发制人”“舍己从人”的特点充分体现了“兵因敌而制胜”的兵法思想。《太极十三势歌诀》中有“静中触动动犹静，因敌变化示神奇”。《打手要言》对舍己从人论述云，“所谓一气呵成，舍己从人，引进落空，四两拨千斤，须要从人，不要由己”“从人则活，由己则滞，尚气者无力，养气者纯刚，彼不动，己不动，彼微动，己先动。以己依人，务要知己，乃能随转随接，以己粘人，必须知人”。这里“从人”就是因对方变化而变化，进一步舍去自己的主观性，达到制胜。可见太极拳推手真正掌握了“因敌制胜”的兵法精髓。

“用兵者，有如常山之蛇”。《孙子兵法 · 九地篇》说，“故善用兵者，譬如率然者，常山之蛇也，击其首则尾皆至，击其尾则首至，击其中则首尾至”，孙子借常山之蛇作比喻，说明用兵作战应调动部队的整体性，使兵力的各个组成部分相互协调，配合。推手中以身喻兵，要求全身协调一致。拳论云：劲分三节，节节贯穿。陈鑫讲“首尾相应，击尾首相应，击中首尾相应”。做到“一动无有不动，一静无有不静”，形成“常山之蛇势”，自然对手无懈可击，胜利在握。

（四） 太极拳推手的中医内涵

太极拳推手虽是对抗项目，具有技击性，但同时更具健身性。其中，以传统中医为基础，体现了中医内涵。太极拳推手中要求“心静体松”“神清体静”“精神若一”“柔和圆缓”，这既是技击的要求，更是健身的要求，同时，又反映了中医的内涵。《素问上古天真间》云，“恬淡虚无，真气从之，精神内守，病妄从来”。不谋而合，太极拳推手中，极重视腰部运动。《十三势歌》便云，“命意源头在腰隙，刻刻留心在腰间”，之所以如此，从健身角度正反映了中医理要求。中医认为，“肾为先天之本”，而肾正位于腰部，那么，腰部运动有助于肾的锻炼，必有益健身长寿。从技击角度看，太极拳推手的阴阳原则正是中医阴阳法则在不同角度和方法上的运用。《素问 · 阴阳应象大论》云，“阴阳者天地之道也，万物之纲纪，变化之父母，生杀之本始，神明之病也”。太极拳推手中虚实、开合、升降、动静、刚柔等阴阳变化，无不根于此。此外，太极拳推手中的点穴功夫，其中拿经取穴更是直接源于中医奇经八脉等经络、腧穴学说。再有，太极拳推手中要求的 气沉丹田 气宜鼓荡 等也同样反映出中医的内容要求。

第三节 太极拳推手的锻炼价值

一、太极拳推手的健身作用

（一） 听劲化力， 炼神健脑

太极拳推手非常讲求“听”对方的来力，练习的是皮肤感觉，神经系统的灵敏性。推手练习时心静用意，即要求推手过程心理活动平衡，用意识支配动作。与单练套路不同，由于对方试图破坏你的平衡，因此，练习者的思想活动必须集中在接触部位，不断调整重心，协调全身运动，从而提高神经系统感受刺激能力和反馈能力，伴随着肌肉收与舒有节律的交替运动，化掉对方攻击力，增强大脑神经活动的均衡性和灵活性，提高神经传导速度及正确性，达到改善大脑功能，调节大脑皮层兴奋与抑制活动，最终对于神经衰弱、失眠、头晕、过度疲劳等不良状态有显著的作用

（二） 松沉接力， 壮骨生髓

太极拳推手中，不与对方顶力，需要保持全身膝、肘等关节 135 度左右的拱形结构，通过自身放松，调整关节角度，各部分肌肉协同工作，将对方力沿着自己骨骼传递链，作用于地面。在这个过程中，身体主要承重骨骼在正常的重力和对方施力双重作用下，使骨骼受到应力增大，将有助于改善骨结构和功能。如果与太极拳单练套路相比较，练习推手使身体的下肢骨骼相对受力强度加大，从而会更有效地达到壮骨生髓，大大促进了对骨骼系统的锻炼作用，延缓腿部衰老。

（三） 引化发力， 健身强肾

太极拳推手“引进落空”后，借助对方的反馈力再加上自己的肌肉发力，产生合力。这个过程中，通常要求“腰为主宰”“丹田内转”“两肾抽提”等技术要求，实为充分练习腰腹部的运动。在腰两侧有肾脏，中医学称肾为“先天之本”，对此的练习能有效地促进肾脏功能，增精延年。对腹部的运动，有人称内动，对肝脏、胃肠起推动作用，提高了胃肠的蠕动，增强消化和吸收能力，改善体内代谢循环，增进食欲，提高健康水平。

二、太极拳推手的防身作用

（一） 推手增功， 功助拳势

通过推手练习，弥补单人练习套路的不足，提高招式功力。一般的单人太极拳套路练习，主要是对各种招式的练习，但是，有招无功，终难实用。太极拳推手练习主要是两人的对练，要在承载对方施加力的条件下，对身体每个部位进行柔化和发力练习。因此能够弥补单人练习时负载不足、功力不够的短板，从而提高自己在对抗下的功力，为用招防身提供动力保证。同时，通过太极拳推手练习，可以纠正拳势动作中的错误，提高太极拳防身的技击功效，如杨式太极拳揽雀尾动作的左掤，如果练习了推手中的掤劲动作和两人的攻防方法，就会纠正单纯手臂局部动作用力的错误，遇到对方猛推胸部时，可以顺势绞臂，将对方掤出，令其跌翻。

（二） 推手方法， 防身自卫

推手的方法本身就是很好的招式，可以有效地进行防身自卫。太极拳推手最基本的方法有单手平圆、立圆、八字折叠等方法，这些方法具有防身作用，如当对手突然从上向下劈头打来时，可以采用立圆手法，顺势接住对方的手腕外侧，向下画圆引空对手攻击，反向划半圆还击对手头部。如果对手直线攻击我胸，可以利用单手平圆的方法，在对手腕外侧接手，走平圆圈侧向回击对手的颈部。这些方法既是推手方法，同时也是防身好招式。

（三） 推手柔化， 化险为夷

太极拳推手讲求以柔克刚、顺势借力的原理，锻炼一种顺势而为的能力，可以起到防身保护的作用。在推手练习中，当被对手发放时，缩身柔化、顺势滚翻等化解技能可以迁移在日常生活中，意外滑倒时可以顺势调整身体姿态，防止跌倒受伤，即便跌倒瞬间也会滚转缓冲，保护自己。如果遇到行人突然撞击，甚至是自行车撞击时，应激性地采取推手顺势化力方法，如转动、闪身技术也是化险为夷的方法。

三、太极拳推手的修身作用

（一） 立身中正， 修正品格

修身常常与养性相关联，通过身体的练习可以影响心性的变化。太极拳推手是掌控平衡的练习，需要做到“尾闾中正”“中正不偏”身体重心始终控制在平衡面内，才能保持身体稳定而不被推动或者推倒。经过长期太极拳推手这种“中正”的训练，势必会逐渐体会到技术背后的“无过不及”的思想，进而影响到做人处事的方法，有助于形成一种光明磊落、刚直不阿的品格。

（二） 舍己从人， 修和心态

太极拳推手讲求引进落空，舍己从人，四两拨千斤， 以柔克刚 ，不与对方 以刚克刚 ，追求 上善若水 的技术境界。通过长期练习太极拳推手可以深刻体悟其中内涵，当面对冲突，以海纳百川的胸怀接纳，以“和”的方式化解冲突，逐渐对人的性格、修养、处世产生积极影响，养成胸怀宽广、大度谦让、坚韧不拔、自强不息、厚德载物等良好的品格精神，形成“和”的健康心态。

（三） 体悟交流， 修悦身心

通过练习太极拳推手，可以体会太极拳的奥秘，体悟中华文化内涵。如太极拳推手中的虚实转化技术，就体现了老子的“虚其心，实其腹，弱其志，强其骨”的思想内涵，当练习中豁然贯通时，就会产生一种无以言表的愉悦。在技艺交流中，不以蛮力相对抗，静心体会“刚柔相摩，八卦相荡”的哲理情趣，可以广交朋友，彼此获得身心的愉悦；观赏高水平的太极拳推手竞技也会从中看到太极拳以柔克刚的精彩，领略太极文化的魅力，同样可以获得快乐，满足移情审美的需要。

第四节　太极拳推手礼仪

太极拳推手有礼有仪，充满了传统哲学、伦理、兵法、医学的内涵，“刚柔相摩”的技术动作背后是一种思想和境界。

一、太极拳推手的基本礼仪

太极拳推手是一种特殊的运动形式，深刻地反映了中国传统文化的思想内涵，一举手一投足之间流露出的是一种文化气息，一种精神品质，表现在基本礼仪上。所谓礼仪，是指人们在社会活动中，为了相互尊重，在仪容、仪表、仪态、仪式、言行等方面约定俗成的，共同认可的行为规范。礼仪主要包括礼貌、礼节、仪式三个方面。中国是文明礼仪之邦，孔子在《论语》中讲“克己复礼”，荀子在《修身》中讲“人无礼不生，事无礼不成，国无礼不宁”，可见，礼仪在中国文化中的地位。

太极拳被称做“文化拳”“哲理拳”，推手是太极拳不可或缺的“用”，直接体现了中国传统文化内涵。推手在长期练习过程中，在传统礼仪文化影响下正在逐渐形成了一套礼仪规范，用来约束自己，尊重对手，表达文明修养，展现精湛技艺。

太极拳推手的基本礼仪主要有以下方面。

（一） 着　装

在太极拳推手练习中，要求穿着干净，整齐，不可佩戴戒指、首饰等饰物，修剪指甲，以防划伤对方，最好要穿专门太极拳推手服装。

（二）言　语

在太极拳推手练习中，晚辈要主动向前辈、老师问好，无论输赢不可过分张扬和沮丧，要不以胜负为喜为愧，禁止说粗语，得到指导和帮助时要说“谢谢”。

（三）姿　态

在太极拳推手练习中，主要身体姿态有：

1. 肃　立

自然站立，立正姿势，两脚尖并拢，目视前方。用于站队、听讲过程中。（图 1－4）

2. 跨　立

两脚开立与肩同宽，双臂小臂弯曲左上右下背向身后（变换时右脚右跨），左手握右腕，右手握拳，用于和老师说话时。（图 1－5）

图 1－4　自然站立

图 1－5　跨立（正面）

图 1－5　跨立（背面）

3. 拱　立

双掌交叠，左外右内，两拇指相扣于手心，左上右下。置于丹田或胸前。用于反思、调息。（图 1－6）

4. 微　躬

头略下俯，身前屈 10～20 度，用于同辈之间。（图 1－7）

5. 浅　躬

身首平行，身前屈 20～30 度，用于向前辈问候、感谢。（图 1－8）

图1-6　腹前拱立

图1-7　微躬

图1-8　浅躬

6. 正　坐

双手扶股，先左后右折膝置地，脚尖顶地坐于脚跟，双手向外前方略画圆收回股间，左上右下交叠，同时臀部微抬将脚放平，坐于脚踝，用于听讲。（图1-9）

7. 趺　坐

盘腿而坐，双手扶膝，用于听讲、休息。（图1-10）

8. 简　拜

由直立下跪或由正坐引身呈跪姿，后双手交叠置于头顶，俯首下拜置地，用于课结束时，根据实际情况，决定采用与否，不做强行规定。（图1-11）

图1-9　正坐

图1-10　趺坐

图1-11　简拜

二、太极拳推手中行为规范

（一） 课中规范

1. 整 队

在老师示意上课后由班长组织集合，学生当迅速以固定队形集合完毕肃立。班长汇报集合完毕及出勤状况。

2. 行 礼

老师道“同学们好”（依礼应班长直接发令行礼），班长发口令“敬礼”，学生皆时揖（抱拳礼）道“老师好”，老师时揖（抱拳礼）回礼，老师先行礼毕，学生待老师礼毕后保持时揖（抱拳礼）行颔首礼（颔首即低头一秒左右后抬起）后礼毕。

3. 卧 立

课堂讲解时如需学生坐观，则由老师下固定口令“坐”，同学即行正坐（依礼应先抱拳道“诺”,）老师可下“放松”口令，同学即改为趺坐（盘腿）（依礼应先行谢礼）。

当需起身时，由老师下固定口令“起立”，同学即迅速起身肃立（依礼应先道“诺”）。

4. 休 息

课间休息时由老师下休息相关口令，同学时揖（抱拳礼）后解散（依礼应答“诺”）。

休息结束时由老师下集合相关口令，同学即迅速集合肃立并各自行时揖（抱拳礼），不必同步，老师待同学集合完毕后时揖（抱拳礼）回礼，随后开始上课。

5. 演 示

当老师讲解动作等需要同学配合演示时，被点到者应前至老师面前行时揖（抱拳礼）示意，老师回礼后进行演示，演示完毕时亦然。

6. 对练扣腕握手礼

肃立，两人面向站立，一臂距离，两脚并拢，脚尖朝前方，两手自然放在体侧，目视对手。

扣腕握手：两人同时伸出右手，右手互相扣腕握手，左手不动，握手后收回手，回到肃立。

撤步抱拳礼：两人同时向后撤右步，收左步的同时，行抱拳礼，礼毕之后，两手放于体侧。

上步对拳：两人同时向前上一步，同时伸出两拳，胳膊伸直，拳面相触，碰拳后，回到肃立。

7. 下 课

老师道“同学们再见”，班长发口令“敬礼”，学生皆时揖（抱拳礼）道“老师再见”，老师时揖（抱拳礼）回礼，老师先行礼毕，学生待老师礼毕后保持时揖（抱拳礼）行颔首礼后礼毕，老师铿锵而道“解散”，同学皆跨立并齐说“谢谢”。

（二） 课下日常

1. **武馆内**

学生于武馆内见老师至临，凡以任意姿势站立者应速面向老师肃立或行任意揖礼问“老师好”并退向左右让出前路；凡以任意姿势坐卧者应速面向老师正坐行微躬或颔首礼问“老师好”。

2. **武馆外**

学生于任意场所遇老师，原则上应行任意揖礼或躬礼问“老师好”。

思考题

1. 试从太极拳推手技术特点分析其中的文化内涵。
2. 请对比摔跤、相扑等项目探讨太极拳推手竞赛的新模式。
3. 太极拳推手的文化内涵对人的品格修养有什么作用?
4. 请思考太极拳推手礼仪中的含义。

参考文献

[1]陈田良,张海松.汪永泉传统样式太极拳心法探秘[M]. 北京:北京体育大学出版社,2015.
[2]任继愈,老子新译[M]. 上海:上海古籍出版社,1986:3 – 20.
[3]武冬. 太极拳推手中的传统文化内涵[J]. 北京体育大学学报,1994,(4):13 – 17.
[4]门惠丰等. 武德修养[M]. 北京:北京体育大学出版社,1989.
[5]钱穆. 中国文化史导论[M]. 北京:商务印书馆,2003:2.
[6]沈寿. 太极拳推手问答[M]. 北京:人民体育出版社,1986:12 – 18.

第二章　太极拳推手基本理论

本章提要

1. 《太极拳论》包含了丰富的太极拳推手原理。
2. 太极拳推手可以做到以小打大，以柔克刚。
3. 推手原理符合力学原理，具有科学性。

第一节　传统拳论释义

电影里的太极张三丰“四两拨千斤”“以柔克刚”的功夫有科学道理吗？耄耋老人可以战胜一群壮汉吗？近年来网络盛传各种太极拳推手神功，“隔空打人”“凌空劲”到底是真是假，是“熟人之间游戏”还是真功实力呢？剪不断，理还乱。本章将从传统拳理和现代科学角度揭示太极拳推手的科学道理，还原科学真实的推手功夫。

在众多的太极拳理论中，迄今为止，影响最大，最具权威的拳论首推1852年在河北永年县发现的《太极拳论》。《太极拳论》是太极拳界公认的权威经典，因为该拳论中包含了深刻的太极拳含义，确立了太极拳的理论基础、技术特点、训练程序、技击原则等标志太极拳的主要理论特征，只有深刻理解，才能指导实践。

一、太极拳论原文

太极者，无极而生，阴阳之母也。动之则分，静之则合。无过不及，随曲就伸。人刚我柔谓之走，我顺人背谓之粘。动急则急应，动缓则缓随。虽变化万端，而理为一贯。由招熟而渐悟懂劲，由懂劲而阶及神明。然非用力日久，不能豁然贯通焉。虚灵顶劲，气沉丹田。不偏不倚，忽隐忽现。左重则左虚，右重则右杳。仰之则弥高，俯之则弥深，进之则愈长，退之则愈促。一羽不能加，蝇虫不能落，人不知我，我独知人。英雄所向无敌，盖皆由此而及也。斯技旁门甚多，虽势有区别，概不外，壮欺弱，慢让快耳。有力打无力，手慢让手快，是皆先天自然之能，非关学力而有为也。察四两拨千斤之句，显非力胜；观耄耋御众之形，快何能为。立如平准，活似车轮，偏沉则随，双重则滞。每见数年纯功，不能运化者，率皆自为人制，双重之病未悟耳。欲避此病，须知阴阳；粘即是走，走即是粘，阳不离阴，阴不离阳；阴阳相济，方为懂劲。懂劲后，愈练愈精，默识揣摩，渐至从心所欲。本是舍己从人，多误舍近求远。所谓差之毫厘，谬之千里。学者不可不详辨焉。是为论。

二、太极拳论解释

第一段：太极者，无极而生，阴阳之母也。

解　题：这段话点明主题，说出太极拳理根太极阴阳学说，其理论来源，可以追溯到《易经》，“易有太极，是生两仪，两仪生四象，四象生八卦，八卦定吉凶，吉凶生大业”的“一阴一阳之为道”；还有《老子》的“道生一，一生二，二生三，三生万物“，“天下万物生于有，有生于无”；朱熹认为，“总天地万物之理，便是太极”，周敦颐的太极图说理论等。中国文化认为　天人合一　，人体内外都是统一同构，全息对应，因此，用宇宙演化之理比附太极拳原理，认为太极拳表达的就是宇宙万事万物之理，所谓　天地一大太极，人身一小太极，人生不可不练太极　。

释　义：太是大的意思，极是屋脊代表最高的宇宙运行机理即道，无极是形容宇宙最原始的混沌本体状态，说明宇宙的道来源于未分化的原始本体即无的状态。在许禹生的《太极拳势图解》中还有“动静之机”一句，而李亦畬廉让堂抄本中没有这句话，动是绝对运动，静是相对静止，许禹生解释，“变异物体之位置，或动体进行之方向曰动。保持或维持其固有之位置或方向曰静。机者，朕兆也”，阴阳代表事物内部两个方面、作用、性质，母是基础的意思，寓意道的变化源于阴阳之间互相作用。

拳势举例：太极拳技术动作是指从预备式到起势就是无极而太极，即从“心中空空洞洞，内无所思，外无所视，伸缩往来进退动作，兼无朕兆”身体相对静止的无极状态，进入动步起手劲贯四稍的初始动作为太极，静尚势，动尚法，在太极拳推手中，两个人从预备势到搭手势，两人手腕相搭，掌腕相搭组成的太极图（图 2 -1），很形象地表达了无极生太极，体现动静之间的变化。

图 2 -1　太极拳推手搭手势寓意太极图

第二段：动之则分，静之则合。无过不及，随曲就伸。人刚我柔谓之走，我顺人背谓之粘。动急则急应，动缓则缓随。虽变化万端，而理为一贯。

解　题：这一段是讲太极拳推手包括演练的运动总原则。从运动状态、运动过程、运动力度、运动速度、运动变化维度提出总的要求。

释　义：“动之则分，静之则合”。动是指身心两个方面，心动是指思想意识活动，身动指整个身体位移，或者四肢的运动。分是由一种静态到动态的过程，分的是重心移换，肢体相对运动；静是相对形体保持固定姿态不动，合对个人而言是一种关节之间对应，二人推手而言是与对方保持一定用力状态。通常合要做到内外三合，特别是形体的肩与胯、肘与膝、手与肘，与对手推手中的合是静听其劲道变化，要在接触点上与对方保持零加速度。总之，一动要全动，一静全静，动静在心主导，分合在身变化。

无过不及，随曲就伸 。无过与不及是指动作定势稳定，过程有中心，恰似身体围绕一个固定点做弧线运动，以肢体长度为半径，肢体所运行的轨迹刚好在圆周线上，即不超过也不够不着边，与对手推手中就是用力与对方保持接触点上不形变，所谓如水负舟，其核心是 中 ，守中求正。随曲就伸，是指与对手推手中，当对手用力伸时，我方随着对方伸而曲，标准是接触部位不变形，加速度为零，反之亦然。这句话核心意思是因敌成形，因敌变化，走出主观臆想，根据客观条件变化，审时度势，随机应变，就势借力，舍己从人，在外表动作是收缩与舒展，在劲力是接劲与发劲。

“人刚我柔谓之走，我顺人背谓之粘”。对方用猛力攻击我，我不以硬性对抗相抵抗，而是应用弹性应力化解攻击力，不及不离地转移开身体部位，谓“走”；当对手处于有力使不上，反关节运行，身体处于不稳定状态下，我处在得机得势舒服状态下，如胶似漆地黏住对方，就像对手影子一样，跟随不丢开，叫“粘”。

“动急则急应，动缓则缓随”。在时间和速度上，对手动作快，我则快，对手慢，我则慢，核心是“因敌变化示神奇”。

“虽变化万端，而理为一贯”。无论动作的结构、位置、轨迹、速度、力度等多方面变化，其中包含的道理一样，动静、虚实、分合、过及、急缓、刚柔的变化规律是相同的，体现着中国文化的大道至简，一本万殊，法无固定，理有要归。

拳势举例：陈式太极拳从金刚捣碓到的懒扎衣动作过程，一动两臂上下对称展开，一擦脚，腿开，两臂合，瞬间静止，就是“动之则分，静之则合”。推手四正手中对手挤，我方按就是“无过不及，随曲就伸”，如果对方突然大力攻击我胸部，我急顺势按，就是“人刚我柔谓之走”，当对方失重将身体前倾，处于即将失重状态时，我双手不离不弃地附在对手两臂或肩部就是“我顺人背谓之粘”，全过程随着对手节奏变化而变化就是“急缓”变化，而这一切变化，都是我守中，柔化，舍己的道理体现。

第三段：由招熟而渐悟懂劲，由懂劲而阶及神明。然非用力日久，不能豁然贯通焉。

解　题：这一段是讲太极拳训练的阶段划分和运动负荷要求。第一阶段是着熟，着，也叫招，有的人叫招式、着术、招法、着势等，其实含义一致，学术的叫法“拳势”。第二阶段叫“懂劲”。第三阶段叫“神明”。训练负荷要求“日久”且“悟”才可以贯通。

释　义：太极拳推手的训练重在对劲的掌握，“劲离不开着，劲附着而行”，按照熟练程度分为着熟、懂劲、神明三个阶段，着熟的过程是去掉不协调的力——拙力阶段，懂劲是动作逐步熟练过程形成协调劲——调劲，神明就是“自动化”——内劲，其实质就是运动技能形成的三个过程。（表2－2）

表2－2　太极拳推手训练三个阶段比较

劲别	身体情况	动作表现	劲力特征	传统拳论	技能阶段	生理原因
着熟拙力	身体僵硬 呼吸无序 想做不一	多余动作 不连易错 主次不分	肌肉紧张 憋气无力 局部用力	去僵求柔 先求招熟 明劲	刚学泛化 害怕干扰 说不清楚	兴奋在大脑扩散，不改收缩肌肉收缩
懂劲调劲	身体协调 呼吸有序 要想才做	动作连贯 幅度适中 动律清晰	肌肉松紧 呼吸助力 协调整力	集柔成刚 再求懂劲 暗劲	粗学分化 能抗干扰 说明动作	内抑制建立，分化抑制逐渐完善
神明内劲	身体松静 呼吸合拍 少想即做	动作流畅 发力无痕 自然轻松	肌肉自动 呼吸有力 力大可变	刚柔协一 阶级神明 化劲	精学自动化 不受干扰 清楚表象	兴奋与抑制转化自如

第四段：虚灵顶劲，气沉丹田。不偏不倚，忽隐忽现。左重则左虚，右重则右杳。仰之则弥高，俯之则弥深，进之则愈长，退之则愈促。一羽不能加，蝇虫不能落。人不知我，我独知人。英雄所向无敌，盖皆由此而及也。

解　题：本段是身体技术要领、推手技术方法和练习功效。

释　义：“虚灵顶劲，气沉丹田”。是身型的技术要求，虚灵顶劲的灵也有写作“领”，即头顶的百会穴（从两耳尖直上头顶与两耳垂连线交会处），要虚虚上领，额前天庭处向前顶劲，这是一种自然用劲状态。颈部肌肉不是强直用力梗脖，保持颈肌有弹性，形象比喻就像测量身高时头顶轻触标尺之感，或头顶百会穴轻轻上提，好像头顶上有绳索悬着。又好像头顶上顶着一满碗水那样不能摇晃。百会穴与会阴穴要保持垂直的姿势，称作“上下一线”。

气沉丹田，这里气不是呼吸出入肺部的气体，因为，呼吸之气在肺部，不可能穿越膈肌进入小腹。事实上，是指腹式深呼吸，小腹膨胀，相对重心降低，似乎是“气”沉到小腹丹田（脐下一寸三分，也有说三寸）处，形象比喻就像喝水流到腹腔的感觉，与虚灵顶劲对应，使身体上下肢体放长，上轻，下实，中间灵，也是老子“虚其心而实其腹”的一种表现。

“不偏不倚，忽隐忽现”。形态上，身体垂直轴保持与地面垂直，即不左右歪斜，也不依托外力维持平衡，劲道上，其实也不是完全数字化的九十度垂直叫不偏不倚，而是身体重心维持在支撑面积内，不失去平衡，做到重心稳定，动作灵活，中正安舒，体现“中庸之道”。忽隐忽现，多指劲力的力点、力向、力路的多变，也是重心转移变化，让对手找不到我的重心，摸不清楚劲路，形成“人不知我，我独知人”的主动态势。

左重则左虚，右重则右杳。对手推我左侧，感到左侧受力，则左侧或转动，或放松，化解攻击，同时，通过身体轴转，右已去；虚与杳都是昏暗、迷茫之意，形容难以琢磨，难以控制，右侧反之亦然。

“仰之则弥高，俯之则弥深，进之则愈长，退之则愈促”。“弥”是愈、更加的意思，语出《论语》中 仰之弥高、钻之弥坚、瞻之在前、忽焉在后 。对手想向上攻击我，我则引领对手更高，关键是 滚转 ，结果是对方把自己仰攻而出，反之亦然。同理，对手长驱直入，想深度攻击我，而我让开对手攻击点，腾出空间给对手进攻的路线，结果是对手变成强弩之末。反之，对方欲撤退，我则协助对方退的没有了退路，这正是太极拳推手的“引进落空”“顺势借力”的作用。

“一羽不能加，蝇虫不能落”。一根羽毛的重量微乎其微，形容太极拳推手中对力度控制的准确、精确；蚊蝇不能落，说明身体感知系统非常灵敏，也是比喻身体有极高的放松能力，让一只蚊子都难以着落，表达太极拳推手“静”的功夫。

“人不知我，我独知人”。英雄所向无敌，盖皆由此而及也。“知”在中国兵法中有“知重于兵”的认识论，强调“先知”“尽知”“知常”“知变”，所谓“知己知彼百战不殆”。太极拳推手同理，称作“懂劲”，透过听劲，用肢体的触觉为媒介的本体感觉来感知对方劲路的方向、大小、作用点，如果对方不出力时，还要通过适度施加力，引逗对方使力，称作问劲，最终达到完全控制对方，而对方摸不着我方的劲，有一种知劲任君斗的效果。

英雄是才能勇武超过常人的人，过人之处就在于能知己知人，而且是坚持正义的技击，在推手中是一种以维持自己平衡，不输为赢的追求，而不是打遍天下无敌手的“争霸”。“盖”是归纳概括的意思，总体来讲，其原因就是“知劲”，由此揭示了太极拳由追求外在“着”到内在“劲”的进步，体现了中国触觉思维特点。

第五段：斯技旁门甚多，虽势有区别，概不外，壮欺弱，慢让快耳。有力打无力，手慢让手快，是皆先天自然之能，非关学力而有为也。察四两拨千斤之句，显非力胜；观耄耋御众之形，快何能为。

解　题：这一段通过对比其他拳种流派，从力度和速度说明太极拳以及推手的特点。显然在对比中更突出太极拳的特点，对其他拳种流派略有一些“低看”。事实上，各家各派各有千秋，只是从立意上而言，太极拳确实是略胜一筹，而且，我们认为只要符合太极道理的拳，虽然不冠以“太极拳”称谓，其实一样可以达到同样的高度。

释　义：斯技，是指武技，各种技击之术，旁门是指除太极拳（似乎有正门含义）以外的拳种流派很多，虽然各家各派的动作招式不同，大概不排除，强壮的人欺负弱小的人，速度慢的输给速度快的，有力量的打无力的，手慢的敌不过手快的，这一切都是动物式的本能，是天生赋予的能力，不是通过后天努力习得的技能。“察”有考察，仔细思考的意思，仔细分析“四两拨千斤”这句话，很显然不是依靠力量大而取胜，观看分析七八十岁的老人能够抵御众人攻击的情景，恐怕只是依靠单纯速度快难以做到抵御围攻。

第六段：立如平准，活似车轮。偏沉则随，双重则滞。每见数年纯功，不能运化者，率皆自为人制，双重之病未悟耳。

解　题：本段揭示太极拳推手中错误与正确以及后果。其中，最大的错误是“双重”，正确的方法是“偏沉”，否则只能是被人制。

释　义：立，指站立或者身体保持平衡，平准一词，有的版本写“秤准”“枰准”，考“平准”早见于《庄子天道》“水静则明烛须眉，平中准，大匠取法焉。”汉代设“平

准 官职，负责权衡折价，一般形容处理事物中正不偏，这里引申为身型中正，也有人认为平准是指像天平一样准确平衡，整句话从动作角度形容身型中正，身法平衡。《太极拳平准腰顶解》讲： 顶如准，故云顶头悬也。两手即左右之盘也，腰即根珠也，立如平准，所谓轻重浮沉，分厘丝毫，莫不显然可辨矣！ 把人比作天平，维持自己平衡，称出手的分量。

活是灵巧，多变之意，有了“轴立”的稳定，则遇到外力接触时，围绕轴的转动可以不受力，顺势滑过。圆转之法，通常是以腰为轴，肢为辐，以腰带动四肢做类似车轮转动，其实不仅仅是大的关节做轴，在练习中每个接触部位都可以找到转动轴，如肘旋臂转，旋踝转胯等，做轴心运动，随机走化。

偏沉则随，与左重则左虚似乎相同，其实，仔细分析还是区别明显，这里的“随”突出了一种圆转的过程，当受到攻击力时，通过身体一侧松沉，另一侧则反过来在对手施力的后方追随其力，在圆转中使对手陷入自己的漩涡里，自己把自己“打”了。相反，双重，指当对手施力攻击时，针对作用点采取针尖对麦芒的单方向用力，俗称“顶牛”，结果是或者大力打小力，或者双方僵持不下，动作停滞。在单人演练中的双重也有人解释为，两足、双手不分虚实，同侧手足同时用力，也有一定道理。推手中的双重主要是指不会变化，产生僵持，敌我双方“死磕”，违反了“一阴一阳”“以柔克刚”的原理。

“每见数年纯功，不能运化者，率皆自为人制，双重之病未悟耳”。每是常常之意，常常看到下多年苦功的人，不能柔化运转开攻击力，“率”是大概的意思，皆是全是之意，整句的大意是说，大概全是自己造成被别人牵制，其原因是没有悟通“双重”的毛病。

拳势举例：如杨式太极拳的野马分鬃动作，前手接触对手攻击力，保持头顶与百会穴垂直，身型中正，而手上称出对手力量大小，传递的程度，保持自身平衡，此为“立如平准”，以身体垂直轴为转轴，以腰为轴心，加上手臂自旋，腰、胯、腿的旋转像一侧圆转，为“活似车轮”，整个过程是“偏沉则随”，随即另一只手顺势推击对手背后，使对手犹如手扶车轮，被旋转甩出。

反例，接手后双方你死我活“死顶”，谁都难以移动，则是“双重”！

第七段：欲避此病，须知阴阳；粘即是走，走即是粘，阳不离阴，阴不离阳；阴阳相济，方为懂劲。懂劲后，愈练愈精，默识揣摩，渐至从心所欲。

解 题：本段是上段“双重”错误的具体纠正方法和练习要求。也是整篇拳论的文章结构上与开篇“阴阳”立论的呼应，点明要想避免“用力顶抗，不能走化”的“顶牛”毛病，就要遵循阴阳变化的道理，在走粘、开合、动静、缱绻、刚柔、虚实等变化中寻求平衡，核心是懂劲，保障是用身心去持之以恒地苦练。

释 义：此病是指不能运化的“双重”毛病，必须明白阴阳，这里阴阳是一个形而上的概念，具体涵盖了劲力的刚柔，拳架的开合，重心的虚实，速度的快慢，特别是在推手中对对方劲力的掌控。如前文“人刚我柔为之走”“我顺人背为之粘”，这里走与粘不同，而本段的走与粘又是一回事，有人认为这是矛盾，其实，“走与粘”表达的是一对互为依存的攻防技法，就像手心与手背，是统一不可分的。走化要粘住对方，粘住了一定要走化，否则就违背了阴阳不离、相济的道理，不能产生太极拳的攻防效果。明白了阴阳变化的道理，称为懂劲，此时的懂劲只是说练习方向对，方法正确，但是，未必是身心同一地掌握了劲道，因此，必须要不断地练习，而且要用心默默比较辨识，反复琢磨真正的太极劲，技艺逐渐达到得心应手，随心所欲高度自动化的程度。

第八段：本是舍己从人，多误舍近求远。所谓差之毫厘，谬之千里。学者不可不详辨焉。是为论。

解　题：本段是全篇总结，得出太极拳的核心特征是：舍己从人，指出错误认识，提出希望。

释　义：字面意思容易理解成舍弃自己而跟随他人，好像没有了主见，屈从别人。其实正好完全相反，这里的“舍”是放弃自己主观的想象，走出自我为中心的藩篱，一切以对方变化为依据，根据客观问题，实际情况，做出理性判断。“从人”是采取顺势而为，像大禹治水一样疏而不堵，犹如影子跟随对手，其结果是“由己”。借力打力，表面是失去自己，实际是掌控别人，这是中国“反求诸己”内向文化的体现。多数人错误地认为是舍近求远，近的含义是“近取诸身”代表自己，远是“远取诸物”意思为身外人与物，丢失了自己，盲从于他人，被动地依靠外界，丧失了依据客观情况，通过自己分析，做出正确行动的能力。

这正是一字之差，一度之别，偏离本意和正确方向十万八千里，因此，学拳人不可不仔细思考分辨，为此专门做此拳论！

第二节　现代运动原理

在第一节里立足于传统太极拳论，主要从传统哲理和技术层面分析了太极拳推手的原理。那么，“四两拨千斤”“以柔克刚”“舍己从人”等原理背后是否具有科学含义呢？本节从力学、心理、生物力学等科学角度深入分析。

一、静如山岳——推不动原理

在太极拳拳论中有“静如山岳”，形容稳定的状态。大家看到的太极拳大师被大力士甚至数十人推，更有胜者，单腿独立，举杯喝水，十多名壮汉猛推，结果稳如泰山，纹丝不动，人们通常将信将疑，这其中的科学道理需要分析。

（一） 接地之力——落地生根

1. 面心线角

运动生物力学揭示，下支撑静力动作稳定的主要要素和判定决定于：（1）支撑面积。支撑面积越大，物体平衡的稳定性也越大。（2）重心高低。重心是重力作用点。整个人体所受重力的合力作用点叫人体重心或者人体总重心。一般来讲，重心愈低，稳定性就愈大。(3) 重心作用线位置。重心作用线接近支撑面边缘，那么物体在这一侧的稳定性就小。(4) 稳定角。稳定角是重心垂直线投影线和重心支撑面边缘相应点的连线间夹角。稳定角愈大，物体稳定程度愈大。稳定角能定量说明物体在多大范围内倾倒时，重力仍产生恢复力矩使物体回复到原来位置上。(5) 平衡角。平衡角等于某方位平面上稳定角的总和。可以说明物体在某方位上的稳定程度，通常叫稳度。(6) 稳定系数。稳定系数是倾倒力开始作用时稳定力矩与倾倒力矩的比值。稳定力矩等于重力的大小乘重力对倾倒支撑点的力臂，倾倒力矩为倾倒力与对倾倒支点力臂的乘积。

公式为：$K=\frac{M_{稳}}{M_{青}}$。$K>1$，稳定；$K<1$，倾倒。

在太极拳推手中，通过“气沉丹田”降低重心，通过“中正安舒”保持重心作用线在支撑面内，通过“肢体放长”，加大稳定角度，通过“一松到底”，利用重力增加稳度力矩，实现稳如泰山，强如不倒翁！(图 2-2)

2. 骨系传力

显然人体不是刚体，除了符合刚体力学基本原理外，人体受到高级神经活动控制，通过重力矩与肌肉和韧带、肌腱的拉力矩平衡，关节角度调整，肌肉用力状态松紧协调，人体的骨骼系统形成一个拱形结构，可以很好地将攻击外力沿骨系传递到地面，形成一种不在身体某个环节变形的间架结构，所谓“立木顶千斤”，推人就像推树。(图 2-3)

图 2-2　推不动稳度

图 2-3　推不动传力

(二) 泄他之力——落点改变

改变力的三要素——大小、方向、作用点。当对方推到我方身体时，在接触点上通过肌肉放松，轻微转动，用手控制对方作用力等方法，改变对方用力方向，转移作用点，锁定对方用力手臂用力角度控制力的大小，从而让对方有力使不到点上，维持自己稳定。(图 2-4)

二、舍己从人——推不住原理

在太极拳推手中，偏沉则随　左重则左虚　右重则右杳　随曲就伸　等一系列技术要求，都体现了“舍己从人，从人还得由己”的技术特色，其力学原理是力偶原理。

力学将大小相等、方向相反、作用线互相平行但是不重合的两个力作用在物体上，物体会产生转动，这一对力称为力偶。

在保持身体中正情况下，当一侧受到攻击力时，随即放松转动，所谓听劲引进；同时，另一侧返还来力，使对方在力偶矩作用下，转动沿切线做离心运动摔出。（图 2-5）

图 2-4　推不动微动

图 2-5　推不住力偶转

三、动如山飞——推发放原理

（一）一动俱动——重心打人

“一动无有不动”“节节贯穿”“由脚而腿，由腿而腰，主宰于腰，形于手指”等，都是在动用更多身体环节有序参与运动，有效募集更多肌力，在身体整体移动下，形成最大合力，撞击对方重心，符合动量原理。

物体在运动过程中，在某段时间内动量的改变等于所受合外力在这段时间内的冲量。

$F(t-t_0)=mVt-mV_0$

推发对手，类似两个物体碰撞，太极拳推手技术通过增加 m 的参与加大动量，传统太极拳推手中形容身体如钟，体内如有钟锤，撞击对手重心。

（二）四两拨千斤——杠杆原理

“四两拨千斤”是太极拳推手典型的技术，成为太极拳标志性的口头禅，是杠杆原理使然。在力的作用下绕固定点转动的硬棒叫做杠杆。在使用杠杆时，为了省力，就应该用动力臂比阻力臂长的杠杆；如欲省距离，就应该用动力臂比阻力臂短的杠杆。因此使用杠杆可以省力，也可以省距离。但是，要想省力，就必须多移动距离；要想少移动距离，就必须多费些力。要想又省力而又少移动距离，是不可能实现的。

太极拳推手通过意识控制，巧妙地设立支点，一般情况是意想某个穴位，然后，充分利用身体自身的重力加上肌力合力作为动力，适度放长肢体，延长力臂，撬动对手。（图2－7）

图2－6　推发

图2－7　杠杆撬动

思考题

1. 试分析太极拳传统拳论中经典语句（任选2句）中的力学原理。
2. 思考在太极拳推手中还有哪些符合力学原理的技术？试举例说明。

参考文献

[1]王宗岳，等，沈寿点校．太极拳谱[M]．北京：人民体育出版社，1991：131～132，171.
[2]杨锡让．实用运动生理学[M]．北京：北京体育大学出版社，1998：197.
[3]武冬，熊开宇，宋渊．形意拳三体势站桩肌电变化研究[J]．北京体育大学学报，2012，35（4）：65.
[4]体育学院通用教材编写组．运动生物力学[M]．北京：人民体育出版社，1990.

第三章　太极拳推手基本技术

本章提要

1. 太极拳推手基本型是指最为基础的各部位常用形态。
2. 太极拳推手基本型与法是组成复杂动作的基本单位。
3. 太极拳推手基本型与法还有其他变化。

第一节 手型 手法

从人体结构划分，太极拳推手最基本的运动单位，包括手、眼、身（躯干）、步（腿、脚）各部位的型与法，这些共同构成了太极拳推手的简单和复杂动作。各式太极拳推手基本动作的型与法有所区别，但是，统属在太极拳本质特点下，其理为一贯，彻底搞清楚每个基本动作的理与法是至关重要的。

一、手型原理与方法

手型是指手掌的形态。在太极拳推手中有三种主要的手型：拳、掌、勾。太极拳要求劲力“运之于掌，通之于指”“形于手指 ”，手是传感器，听劲、化劲、发劲都主要通过手，太极八法中前六法直接以手掌完成。

第一，正确的掌型能畅通经络，调和气血，提高技击功夫。

第二，正确的手型能使整个手和臂的骨骼、肌肉、韧带处于松沉自然状态，最为突出的是能够平衡前臂及手部肌肉在运动时相互产生的对抗作用，使之处于粘走化发，随时因形式而变的中间状态，以助发寸劲和节节贯串的要求，提高技击功夫。

（一）掌 型

1. 掌型做法

五指自然伸直微分，手指向掌心侧微屈不伸直，指肚微向手背撑张，虎口撑圆，掌心内凹。（图 3 –1）

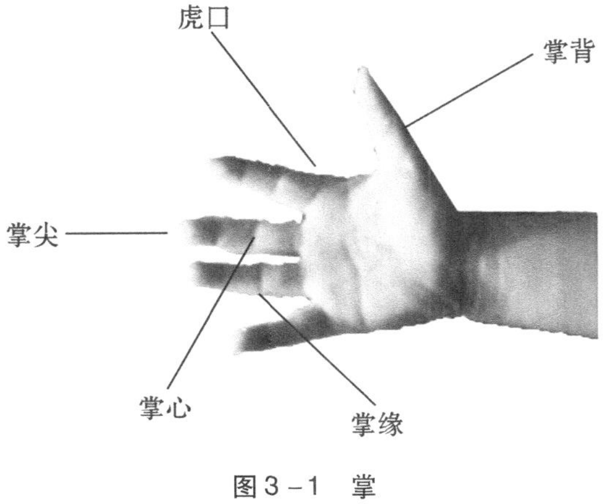

图 3 –1 掌

要求：掌要自然伸直，掌心微含空，形如荷叶状。

2. 掌型方位名称

（1）掌的各部位名称：掌背、掌心、掌缘、掌尖、虎口。（图 3－1）

（2）根据掌型的方向及形状，著名太极拳家徐致一归纳为：

①正掌：指尖向上，掌心向前方，腕部形成 90 度左右的直角，都称正掌。武式称竖掌。

②立掌：指尖向上或者偏向上方，掌心不向前而向其他方向的都为立掌。

③垂掌：指尖向下或者偏向下方者，不问掌心向着何方，都为垂掌。

④仰掌：掌心向上或者偏向上，不问指尖向着何方，都为仰掌。

⑤俯掌：掌心向下或者偏向下方，不问指尖向着何方，都为俯掌。

⑥侧掌：大拇指指尖向上，手掌侧立者，不问掌心向着何方，都为侧掌。

⑦反掌：手掌侧立者而拇指在下。

（二）拳　型

1. 拳型做法

四指自然卷曲，拇指扣于食指第二指节上。（图 3－2）

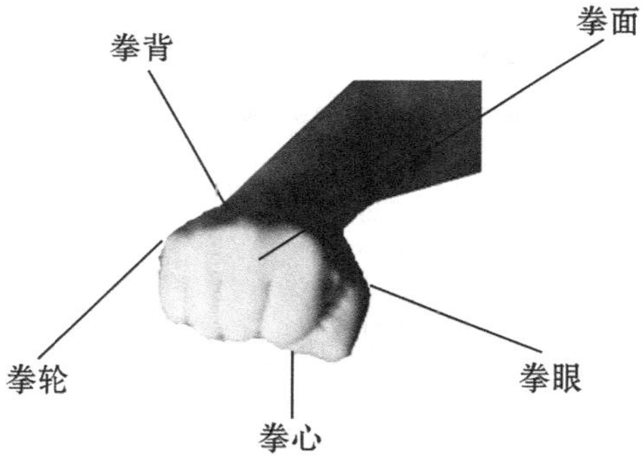

图 3－2　拳

要求：拳面齐平，不可僵硬。

2. 拳型方位名称

（1）拳的各部位名称：拳心、拳眼、拳轮、拳面、拳背等。（图 3－2）

（2）根据拳型的方向及形状，徐致一先生归纳为：

①正拳：向前伸出或者向里收回，所握之拳虎口朝上都为正拳。

②立拳：凡是拳顶向上或者斜向上方而虎口朝前、后或者左右都为立拳。

③栽拳：虎口向前拳顶偏向下方的都为栽拳，它与立拳相反，也称倒拳。

④仰拳：拳心向上、拳背向下。

⑤俯拳：拳心向下、拳背向上。

⑥抓拳：吴式称五手指捏拢为抓拳，或钩子，钩手，原先叫抓子。

⑦反拳：虎口向下的一种势子，以高举在头顶前方为限。

（3）根据拳心拳眼的方位可分为：

①平拳：拳心向下，叫阴平拳；拳心向上，叫阳平拳。

②立拳：拳眼向上，拳心侧向，叫日字拳。

（三）勾　型

1. 勾型做法

五指第一指节自然捏拢，屈腕。（图 3－3）

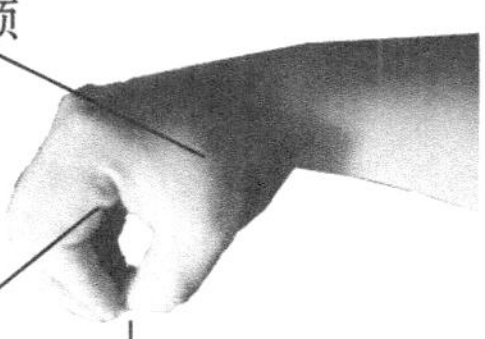

图 3－3　勾

要求：掌心含空，五指不可用力。

2. 勾型方位名称

（1）勾的各部位名称：勾顶、勾尖、勾心。

（2）根据勾尖朝向分为：

①正勾：屈腕勾尖向下。

②反勾：屈腕勾尖向上。

以上讲的是最为常用手型，以杨势太极拳为主要参考，不排除其他做法，供大家参考。

二、手法原理与方法

手法是指手臂的运使方法。按手的部位和形状分掌、拳、肘、臂法，这里统称手法。具体运动的规律有：

第一，梢根互领，螺旋出入。手臂分为三节，即手为梢节，肘为中节，肩为根节。凡是手法从近身端向外出时，手领肘，肘领肩，同时又肩催肘，肘催手，符合梢领中随根催三节运动原理，凡从远身端向内收时正好相反，肩（通过松沉）领肘，肘（通过沉坠）领手。

第二，屈蓄有余，劲贯落点。在手法运行中，上肢各个关节都要保持一定的弯曲度，肌肉要有一定的松软度，放松肩、肘、腕关节，让关节腔内似有骨缝撑开感，整个手臂的肌肉不可强直收缩，用手摸有僵硬感，也不可软缩无力，手触软塌，做到似松非松，似刚非刚，手臂圆满。

1. 单按掌

（1）预备势，并步直立。

（2）左脚提起向左平行开步，两脚相距与肩同宽，目视前方。

（3）两腿屈膝下蹲，同时两臂屈肘，两手下按至两胯侧，掌心向下，掌指向前，目视前方。

（4）右手提起向胸前推出，沉肩坠肘，坐腕立掌。掌指向上，掌心向前（图3－4）。左右方法相同，可以交替练习。

要　点：单按掌时要立身中正，头向上虚虚顶起，胸微含，气向下沉于丹田，向前推掌时要力达掌心。

2. 双按掌

（1）预备势，并步直立。左脚提起向左平行开步，两脚相距与肩同宽，两手臂前平举至肩高，同肩宽，掌心向下，掌指向前，两腿屈膝下蹲，两手臂屈肘于胸前，掌指向上，掌心向前，目视前方。

（2）两掌同时向胸前推按，与肩高；同肩宽，坐腕，立掌，掌心向前，掌指自然伸直向上。（图3－5）

（3）双手向下落至腹前，同时含胸拔背，掌型不变。

要　点：双按掌时要立身中正，头向上虚虚顶起，胸微含，气向下沉于丹田，向前推掌时要力达掌心；两手向下落掌时，要有向下的捋劲。

3. 搂　掌

（1）预备势，并步直立。左脚提起向左平行开步，同肩宽，两手臂前平举至肩高，同肩宽，掌心向下，目视前方。

（2）两臂屈肘，两手下按至两胯旁侧，同时两腿屈膝下蹲，掌指向前，掌心向下。

（3）右手经腹前，内旋向左45度伸手，上体随伸手左转，掌心斜向下，掌指向左前方。

（4）接上势不停，右手向右45度搂手，同时沉肘外旋，身体随搂手右转，掌心向下，掌指向右前方。（图3－6）

（5）右手回捋至胯侧，身体向左转正，目视前方。可以反复练习。

要　点：搂掌时要随手转，手动必旋，松肩沉肘，圆裆开胯。

图3－4　单按掌

图3－5　双按掌

图3－6　搂掌

4. 平云掌

（1）预备势，并步直立。左脚提起向左平行开步，同肩宽，两手臂前平举至肩高，同肩宽，目视前方。

（2）两臂屈肘，两手下按至胯侧，同时屈膝下蹲，掌心向下，掌指向前。

（3）右手外旋，经腹前向左45度伸手，身体随之右转，手指向左前方，掌心向上。

（4）右手向右45度平云划弧，掌指向右前方，掌心向上，同时身体右转。目视右手方向。（图3－7）

要　点：平云掌要做到手动必旋，身随手转，云掌时虎口为着力点。

5. 采勾手

（1）预备势，并步直立。左脚提起向左平行开步，同肩宽，两手臂前平举至肩高，同肩宽，目视前方。

（2）两臂屈肘，两手下按至两胯侧，同时两腿屈膝下蹲，目视前方。

（3）右手外旋向左45度伸手，与肩同高，身体微左转，掌心向上。

（4）右手屈指，屈腕内旋，向右采至右耳侧成勾手，身体随之转正，目视前方。（图3－8）

要　点：采勾手要注意屈指后向上采时，屈腕沉肘，身体保持中正。

6. 挂　掌

（1）预备势，并步直立。左脚提起向左平行开步，同肩宽，两手臂前平举至肩高，同肩宽，目视前方。

（2）两臂屈肘，两手下按至两胯侧，掌心向下，同时屈膝下蹲，目视前方。

（3）右臂屈肘，右手抬至右肩前，内旋，掌心向外，掌指向上。（图3－9）

图3－7　平云掌

图3－8　采勾手

图3－9　挂手

要　点：挂掌屈肘，上臂不动，前臂和手立在身体一侧。从技击上来说，肘下垂后前臂立起，护住半边身体，挂掌动作做时要先顺再向下挂。

第二节　步型 步法

一、步型原理与方法

步型是指下肢脚腿的基本形状。拳中有百练不如一站之说，这里站包含了各种步型的练习，步不稳则拳乱，步型的稳固是实现各种技法的保证，就像房子之基石，步型的关键是稳定。其规律要点是：

第一，身体中正，重心稳定。步型承载全身的重量，保持身体的中正，使身体重心投影线落在重心支撑面内是稳定的重要条件，这是力学原理决定的，所以做好步型必须做到尾闾中正，上体正直。

第二，气沉丹田，降低重心。力学告诉我们相对重心位置越低越稳定，太极拳要求全身放松，各个环节重量下沉，特别是利用气沉丹田、膈肌下降使腹部充实，相对降低人体重心（人体重心大约在脐内三寸处），从而追求人体稳定。

第三，开胯圆裆，扩大底面。下肢腹股沟内缩，两腿有内外对向撑力，支撑八面之意，无形中扩大了两腿所围成的支撑底面，避免夹裆、敞裆的毛病，以提高稳定性。具体做法：

1. 弓　步

两脚前后站立。前腿屈膝，膝尖不得超过脚尖；后腿微屈，两脚尖斜向前方，重心偏

于前腿。右势同左势，方向相反。（图 3－10）

2. 马　步

两脚平行开立，相距约三脚宽；两腿屈膝下蹲，大腿稍高于水平；沉胯敛臀；上体正直。（图 3－11）

图 3－10　弓步

图 3－11　马步

3. 虚　步

两腿均屈膝，后脚踏实支撑体重；前脚掌虚着地面或者脚跟着地。（图 3－12）

前脚掌着地

后脚跟着地

图 3－12　虚步

4. 仆　步

左腿弓膝塌劲，身体重心在左腿；右腿伸直下仆，右脚全脚掌着地，成右仆步。（图 3－13）

5. 歇步（盘步）

右歇步：提起右脚向前上步，落于左脚的左前侧，脚尖外摆；左脚跟抬起，随之两腿屈膝下蹲成右歇步（右盘步）。左歇步同右歇步，左右肢体方向相反。（图 3－14）

图 3－13　仆步

图 3－14　歇步

二、步法原理与方法

步法指脚步移动方法。在推手中，所谓有不得机得势处，身便散乱，其病必腰腿求之。“腿”主要指步法的变化，动作的灵活与迟重全在步法。步法的原则有：

第一，提脚变步同样遵循三节运动规律，只是脚为梢节，膝为中节，胯为根节。脚对应的是涌泉穴，膝为阳陵穴，胯是环跳穴。

第二，重心潜换，虚实渐变。

1. 进　步

（1）预备势，并步直立。

（2）右外摆 45 度，两掌向内，屈臂抱至腹前，掌心向内，目视前方。

（3）左脚提起，向前上步，脚跟先着地，前脚掌随之落地踏实，同时屈膝前弓，成弓步，目视前方。（图 3－15）

图 3－15　进步

要　点：进步保持重心平稳。

2. 上　步

（1）预备势，并步直立。

（2）两脚前后开立，左脚在前，右脚提起向前上步，脚跟先着地，脚前掌再一次落地踏实，同时屈膝前弓，成弓步势，目视前方。（图 3－16）

图 3－16　上步

要　点：后脚向前，迈步超过前脚，为上步。

3. 退　步

（1）预备势，并步直立。

（2）提起左脚向后退步，脚掌先着地，再脚跟依次落地踏实，随之左脚提起向后退步，目视前方。（图 3－17）

图3－17　退步

要　点：退步是两脚依次交替向后运动，保持重心稳定。

4. 撤　步

（1）预备势，并步直立。

（2）前后开立，左脚在前，提起左脚向右脚后侧撤步，目视前方。（图3－18）

图3－18　撤步

要　点：撤步时前脚向后脚后侧落步，也可以左右连续后撤。

5. 横移步

预备势，并步直立，左脚提起向左平行开步，与肩同宽，右脚提起向左脚并步靠拢，目视前方。（图3－19）

图3－19　横移步

要　点：横移步就是向左或向右行步。

6. 绕　步

（1）预备势，并步直立，右脚尖外摆45度，左脚提起向前上步，右脚提起，从左脚后侧向前交叉步，身体仍保持中正。

（2）接上势不停，身体右转180度，目视前方。（图3－20）

图3－20　绕步

要　点：绕步是上步、叉步、扣摆步法的组合，主要是练习步的灵活转换和平衡及协调能力；在旋转身体时身体要保持立转，中正。

第三节　身型 身法 眼法

一、身型原理与方法

身型指静止或运动中相对身体形态。

1. 五弓备齐，内劲自生

五弓指的是躯干、两臂、两腿要像张开的五张弹力强弓，在意识统帅下撑开饱满，即在相对固定肌肉的一端或者两端相向运动，通过肢体保持弧形或旋转，使全身肌肉在意识控制下有目的地拧旋伸缩，放长肢体，从肌肉的深层肌纤维到浅层肌纤维都得以锻炼，增强肌肉的弹性伸缩度。同时由于用意识调控，提高了神经对肌肉的指挥能力，调动更多的肌纤维参与发劲，这是产生内劲的物质基础，由此产生变化的力称之为内劲。

2. 自然得体，蓄放有度

太极拳中的身型要求必须是自然舒服的，而且是相对的。我们通常提出的身型要求是指在练拳运劲时的状态，其实在真的发劲时身型要有所变化，正如拳论讲的“蓄劲如张弓，发劲如放箭”，观察真的射箭，放矢瞬间弓形是变化的。太极拳也一样，不能过分拘泥要求，这本身就是阴阳之理，应该引起注意。简单总结身型如下：

头，虚领；肩，松沉；肘，下垂；腕，塌活；腰，松塌；髋，松缩；膝，裹住；踝，灵活；腿，微屈；胸，内涵。（图 3－21）

图 3－21　身型

二、身法原理与方法

身法主要指腰带动躯干的运使方法。主要规律：

第一，腰为车轴，四肢为轮。太极拳把自己比作是一个小宇宙，是转动的球体，而且一动无有不动，其动的主体是身法动，也就是腰法动，即以腰脊为中轴的转动，带动四肢绕轴动，做到源动于腰，旋腰转脊，自已就像是个飞转的球，对方的力沿切线飞出。

第二，中正不偏，无过不及。身法的运动中（除个别姿势外），都要保持腰脊与地面垂直，转动中不倾斜，防止要腰故意摆动。

主要身法有：

1. 拧身法

以人体腰脊为中轴，左右肢体对扭，身体半面转动蓄而待发。如野马分鬃之身法。

要求：背部、腰部两侧肌肉松紧交替运动。（图 3－22）

图 3－22　拧身法

2. 转身法

以人体垂直轴为中轴，用腰带动身体半面或整体外旋转动，通常以一脚支撑转体 135 度以上，如转身大捋。（图 3－23）

图 3－23　转身法

要求：松髋松腰，身体中正。

3. **翻身法**

以腰脊为转轴，折叠上体变易方位复出，通常指身体由前向后作 180 度的翻转，如杨式中的撇身捶、陈式翻身二起等。(图 3－24)

图 3－24　翻身法

要求：头上顶，中轴竖直，即尾闾中正。

4. **起身法**

竖直方向，身体由下向上顶劲上提，如上步七星、金鸡独立等动作。(图 3－25)

图 3－25　起身法

要求：脚蹬立身，上体不过分前倾。

5. **塌身法**

身体竖直，腰部后撑下沉，如揽雀尾中按推时腰的做法等。(图 3－26)

要求：腰部不可过分突出。

6. **俯身法**

整个身体由上向下降落。如海底针、栽捶。(图 3－27)

图 3－26　塌身法

图 3－27　俯身法

要求：身体不失中正。

其他身法还有立身、坐身、进身、退身、侧身、披身等。

三、眼法原理与方法

眼法为眼的运使方法。眼是神的具体反映，俗称眼神，太极拳要求“神似捕鼠之猫”，一般要威而不猛，眼随手动，不仅使动眼神经、视神经得以锻炼，更体现形神兼备。

主要的规律有：

第一：眼随手转，手眼相随。太极拳的眼法一般向前平视，同时随身法、手法、步法的变化，顾盼两手中主要的一手，当手到达定点时，眼神要领先到达定点。

第二：顾盼全面，眼似闪电。在眼法诀中讲顾三前、盼七星指的是要看清双方上、中、下三路，以及注意对方头、肩、手、肘、胯、膝、足七个部位，眼快手捷，手眼相随。主要眼法有：

图 3－28　注视

1. **注　视**

以主要手为目标，向主要手的方向投目远视。(图 3－28)

2. **随　视**

随主动手动转，眼随手转。

思考题

1. 请结合一个动作分析其具体的手眼身步的要求。
2. 通过具体动作技术要求，请思考太极拳动作要求背后的内涵是什么？

参考文献

[1]人民体育出版社编．太极拳全书[M]．北京：人民体育出版社，1988.
[2]武冬，等．太极拳教学与训练英汉双语教程[M]．北京：北京体育大学出版社，2009.
[3]武冬．24式太极拳入门与提高[M]．太原：山西科学技术出版社，2006.

第四章　传统太极拳推手方法

本章提要

1. 传统太极拳有“八法”“五步”“十三势”之称。
2. 各式太极拳拳派的推手既有共性又各具特点。
3. 主要传统太极拳推手方法有单手平立圆以及四正手。

第一节　传统太极拳推手八法、五步

传统太极拳推手具有丰富的理论和技术，传统太极拳推手讲究“八法”“五步”“十三势”，本章将从传统的角度梳理太极拳理论和各式太极拳推手的主要特点，这将是今后学习太极拳推手的重要基础。

太极拳推手的方法以太极“十三势”为主要内容，即掤、捋、挤、按、采、挒、肘、靠八种手法及进、退、顾、盼、定五种步法，上下两者相合为十三势，对应八卦坎、离、震、兑、乾、坤、艮、巽与五行的金、木、水、火、土。如何去懂得十三势之整体，太极拳先辈王宗岳在其《太极拳释名》一文中，从宏观上为后来的太极拳者道明了十三势之间的整体内容。

“释名”曰：太极拳——名长拳，又名十三势。长拳者：如长江大河，滔滔不绝也。十三势者：掤、捋、挤、按、采、挒、肘、靠、进、退、顾、盼、定也。掤、捋、挤、按，即坎、离、震、兑四正方也；采、挒、肘、靠，即乾、坤、艮、巽四斜角也，此乃八卦也；进、退、顾、盼、定，即金、木、水、火、土，此乃五行也，合而言之，曰“十三势”。王宗岳先生明确地阐述了十三势的整体内容，使拳法、拳理、结构与运行框架相统一。

太极十三势歌诀

十三总势莫轻视，命意源头在腰隙。
变转虚实须留意，气遍身躯不稍滞。
静中触动动犹静，因敌变化示神奇。
势势存心揆用意，得来不觉费功夫。
刻刻留心在腰间，腹内松静气腾然。
尾闾中正神贯顶，满身轻利顶头悬。
仔细留心向推求，屈伸开合听自由。
入门引路须口授，功夫无息法自修。
若言体用何为准？意气君来骨肉臣。
详推用意终何在？益寿延年不老春。
歌兮歌兮百四十，字字真切义无遗。
若不向此推求去，枉费功夫贻叹息。

一、太极拳推手八法

太极拳推手八法为掤、捋、挤、按、采、挒、肘、靠，也称之为八劲、八门。八劲，是指掤劲、捋劲、挤劲、按劲、采劲、挒劲、肘劲、靠劲；八门，是本于阴阳学说中的八卦八个方位，即坎（北）、离（南）、震（东）、兑（西）、乾（西北）、坤（西南）、艮（东北）、巽（东南）八方。太极拳推手八劲，有四正劲与四隅劲之分，四正劲掤、捋、挤、按要与卦位坎、离、震、兑四正相对应；四隅劲采、挒、肘、靠要与卦位乾、坤、艮、巽的四斜角相对应。八法最本质的含义是根于八卦的方位变化。

（一）掤的含义

掤是太极拳的一个专用字，有人认为就是捧，即向上托的意思，同时掤就是膨，像充气而未满的皮球，按下这边，那边鼓起，始终按不彻底，而使力下不来。掤的动作可分为立掤、斜掤（左、右掤）、上掤、下掤四种，不管哪一种掤，其劲都在腰。千万不可将劲放在手上或肩上。在掤的一瞬间，即变为旋扭转化，或掌、或拳、或指、或发、或聚、或采、或挒、或肘、或靠，尽在一掤之中。其实八法之劲势只是一个掤劲。所以掤式如同军队之侦察兵，始终站在第一道防线上。不管听、化、拿、发，都要以掤为先。如果掤化，就要使对方有失重的感觉，如果掤引，就不能使自己失去重心。无论掤化或掤引，得势后就要掤发，掤发为八法中之第一着，在十三势中占极重要之地位，发时无不伤人，所以应该特别注意分寸。点到为止，让人知难而退即可。太极拳出手就掤，其意即在防御，无意与人为敌，这与两朋相交为友、粘而不抗、寓守于攻同意。

一代宗师杨公澄甫体用全书《推手》章云“掤法向外，驾驭对手之按手，使其不得按至胸腹贴近，故曰掤”。又说：“掤之方式……最忌板滞，又忌迟重。板者，不知自己之运动；滞者，不知敌人之取舍。既不知己，又不知彼，则不成其为推手矣。迟重者。必以力御人，便成死手，非太极拳家之所取也，必曰掤者，粘也，非抗也。手向外掤，意欲粘回，又不使己之掤手与胸部贴近。调化劲全赖转腰，一张腰则我之掤势已成矣。”其于掤的意义与掤的运动说得相当明白。吾人自应拳拳报膺，熟念弗失。

杨氏太极老谱秘传八法中对掤的方法解释为：如水负行舟，先实丹田气，次要顶头悬，全体弹簧力，开合一定间，任有千斤重，飘浮亦不难。

拳谱中将掤劲比喻水推托着逆行而上的舟，既要有推托的力又要向水中的舟有游动的活力，不管有多大的浪打过来都能灵活应对（伸缩自如行驶），两臂掤圆身体居中，头要上顶，气沉丹田。

（二）捋的含义

顾留馨先生认为：“凡是用意念贯注于手臂任何部位，粘贴对方臂部作螺旋式划弧向后或右或下地捋化来劲，引进落空，使对方立身不稳的，都是捋劲的作用。”

杨氏太极老谱秘传八法中对捋的方法解释为：引导使之前。顺其来势力，轻灵不丢顶。力尽自然空，丢击任自然、重心自维持，莫为他人乘。

拳谱中提示：当对方用掤劲向我方打来时，我顺其来势力继续前引进外拨使其击打落空，自身不能用拙力，随时保持重心的稳定，以防对手趁势进攻。

总之，太极拳推手中捋的动作方法释义为：在双方交手中对方劲力向我涌来时，我用双手以刚劲固住敌攻来的手臂，顺着对方攻来主力前进的方向顺势向自身而又向外拉，拨、回带、旋抹等方法顺势将其发出，将对方劲力全部舒散化开，使其攻势失效的技法。

（三） 挤的含义

挤，其意为压榨，互相推、拥；紧挨着，不容转动。另外还有排斥的意思。有人认为挤就是排（斥）、推，用手挤物前进。

《太极拳势图解》一书中将挤劲解释为：用手或肩、背挤住敌方使其不得动，从而将其推掷出去。

《太极拳讲义》中将挤劲解释为：挤是撞，就是排挤，即以手腕、臂、肘推捆敌人各部使其不能前进。

徐致一先生将挤解释为："是一种向前而又向下用力压迫的斜线动作。

顾留馨先生将挤解释为："挤是进攻的手法，挤劲是我用力尽量挤去的意思。

杨氏太极老谱秘传八法中对挤的方法解释为：用时有两方，直接单纯意，迎合一动中，间接反应力，如球撞壁还，又如钱投鼓，跃然击铿锵。

太极拳套路均以弧线运动，没有直线和横线，也最忌走直线。太极拳技击也最忌直来直去直线推向对方。挤劲动作属于危险动作，以直劲攻击对方，对方如果不具备太极内功，就是硬碰硬，如果对方向左右转动上身，极可化掉来势转危为安，甚至借攻来之势引顺落空。因此，太极拳推手在使用挤劲时要运用弹抖力，瞬间即发、触及对方时如弹球撞壁迅速碰还，不给对方有反击的机会。

总之，太极拳推手中挤的动作方法释义为：挤就是用柔劲压住对方攻来的手臂而使其劲发不出来，同时内存刚劲以身体的相应部位贴住对方不使滑动，而猛然发力将对手击出的技法。

（四） 按的含义

按，其意为用手压或摁，止住，压住。有人认为，按有向下的意思，用手止住、抑制的意思。

《太极拳势图解》一书中将按劲解释为：当敌用挤劲攻来时，用手按来抑制和止住敌人使其不得逞。

《太极拳讲义》中将按劲解释为：按有抑制、按摩、据、捺等意，即遇敌袭击时用劲抑制，压住敌人身体相应部位使其劲力失效。

徐致一先生将按解释为："是一种向下而又向自身方向用力下沉和引带的斜线动作。"

顾留馨先生将按解释为："凡是向下而又向自身的方向用力下沉和引带的弧线动作；以及微微带弧形向上或中或左或右按出的动作，都是按的作用。"

杨氏太极老谱秘传八法中对按的方法解释为：运用如水行，柔中寓刚强，急流势难当。遇高则膨满，逢洼向下潜，波浪有起伏，有孔无不入。在太极拳推手中按劲是指用单手或双手按人身体，按时以顺步为得势，否则不易成功。按中有开合之意，并含有由前往后的纵向圆弧动作。如果只是直按，既不会有太大的效用，也易为人所制。按的开合需手足相应，前进后退有升降之势。按时随沉肩坠肘，含胸拔背，坐腰松胯虚引对方进攻之势化解其力，然后用腰腿劲加以意气快速用力将其弧线打出。

总之，按法是指用手以纯柔之劲力压住敌人攻来的手、足、肩、肘等各部，并随其动借势粘带，回旋揉按，以抑制其攻势或切断其劲路，使其攻势失效的技法。

（六）采的含义

采，其意为摘取、选取、挖取，是用手抓、拿、掏和粘带物品。

《太极拳讲义》中将采劲解释为：采法是以手抓对方手腕或肘部，往下沉采，其效用与持相似，可在敌重心前倾时，乘机施以采劲使其更向前倾。采时发劲并非在手，如只用手劲采，功效小，采时应用腰腿劲，并加以意气。采的得势，能使对方头昏眼眩，重心上浮，身体抬起。当对方被采得重心上浮，脚下无根时，即可施以发劲，将其发出。

徐致一先生将采解释为："是向下沉劲随即向自身左方或右方用于提带的一种动作。与采物时一落即起的动作相象。"

杨氏太极老谱秘传八法中对采的方法解释为：如权之引衡，任尔力巨细，权后知轻重，转移只四两，千斤亦可平，若问理何在？杠杆之作用。采的动作有意有动，急动缓动结合的动作，总之是主动、主观的动作。采时自己要保持身体中正，沉腰坐腿，含胸拔背，沉肩坠肘，气沉丹田，眼神下视，太极拳论中所谓"仰之则弥高，俯之则弥深"，就是这个意思。十三势拳架中海底针一势，就是采的运用。海底针后连以闪通背，是采后随发之意。

总之，采法就是用手以柔劲抓、拿、掏、粘带对手进攻的相应部位，将其制住，而后手以强刚之劲顺敌运动之势击其对应部位而将敌发出的技法。

（六）挒的含义

挒，其意为转动、转移的意思。其动作有弧形的转圈，有撕开的架式。

《太极拳势图解》中将挒解释为：太极拳转移敌人的力还制敌人之身就叫挒。

《太极拳讲义》中将挒解释为：捩住敌人各部使其前倾或趁其来劲使其后仰的就叫挒。

徐致一先生将挒解释为："是顺着对方主力的方向循弧线用力使对方身体旋转的一种动作。"

傅钟文《杨氏太极拳》中写到"以闪为挒掌"。"当甲左捋后，接着右肘下沉，右带化开乙之靠劲作为挒"。

还有人认为"以手臂的侧击为挒"。由此可见，挒法各说不一，前两种说法相近也和于挒位震卦，震为动，转就是最好的动。

杨氏太极老谱秘传八法中对挒的方法解释为：旋转若飞轮，投物于其上，脱然掷丈寻，君不见漩涡，卷浪若螺纹，落叶堕其上，倏尔便沉沦。挒劲是周身的太极功夫表现在手上，正如拳经所说："其根在脚……形于手指。"挒和采同以手的动作为显示。这种采手和挒手均应把握在"形于手指"，手掌不得出拙力，但仅仅挂一点力也不可。手是形，仅仅是形，形于手指。拳诀："太极无手""太极不用手，手到不要走""妙手空空"等。

总之，挒就是前手（或其他部位）以刚劲接敌攻来的相应部位后，通过走弧划圈等法使其劲通过我之身体柔化转移到后手（或适当部位），再以强柔之劲发还敌人使其失重的技法。即前刚后柔、刚少柔多之劲。

（七） 肘的含义

肘是上臂与前臂相接处向外凸起的部分。

《太极拳势图解》中将肘的方法解释为：拳术家以肘击人为肘，故可以肘作动词用，太极拳用肘之法皆为肘。

《太极拳讲义》中将肘的方法解释为：各派拳术中都有用肘的地方，而别派用肘多以屈臂直抵敌胸腹各部，只有太极拳用肘多在推、挤、拥、靠中求其妙用。

《杨代太极拳》中写道，“被捋者折肘以使用肘法”“肘下沉化开靠劲”。

徐致一先生将肘解释为：“是以肘击人或者用肘沉带对方手臂的动作。”

杨氏太极老谱秘传八法中对肘的方法解释为：方法有五行，阴阳分上下，虚实须辨清，连环势莫当，开花捶更凶，六劲融通后、运用始无穷。由此可见，肘本身是名词，而作为太极拳推手上用的肘字可作动词，即以肘击之意。

总之，肘法的运用就是被对方抓拿或制住某一部位时，用强刚之劲突然折肘贴对手后用柔劲抵住敌人将其发出的技法。即前刚后柔、刚多柔少之劲。

（八） 靠的含义

靠其意为倚靠、挨近、依靠。

《太极拳势图解》中将靠的方法解释为：靠即依，依附于他物。太极拳近身时以肩胯击人就叫靠。有肩靠胯打之说。

《太极拳讲义》中将靠的方法解释为：靠就是偎、依的意思。拳术中有靠手靠打等名词。太极拳中靠手尤为重要。因为无论何势不相靠不能懂劲，然后才能粘黏随连以击敌人。

徐致一先生将靠解释为：“是用肩去靠击对方的动作，它同时一样也是不及换手时趁势追击的一种方法。”

《四十八式太极拳》一书中将靠定义为：“肩、背或上臂向斜处发力。”

杨氏太极老谱秘传八法中对靠的方法解释为：其法分肩背。斜飞势用肩，肩中还有背。一旦得机势，轰然如捣碓。仔细维重心，失中徒无功。

靠势使用肩为主要部位，靠肩的肩应自然松肩，放松后肩绝对不挂力，肩关节周围，骨肉之间也要放松，使对方找不到力点。把握松肩要贯串套路的始终。

总之，靠就是我被对方粘黏压制时，先以强柔之劲顺其势以肩、背、臂、胯或其他相应部位贴住敌人身体后，微失重心靠紧敌体，再用脆刚之劲于贴敌处突击，即先柔后刚、柔多刚少。

太极拳推手八字歌

掤捋挤按世界稀，十个艺人十不知，
若能轻灵变坚硬，粘随黏连俱无疑，
采挒肘靠更出奇，行之不用费心思，
果得粘随黏连字，得其环中不支离。

二、太极拳推手五步

太极五步，是前进步、后退步、左顾（左行步）、右盼（右行步）、中定与五行，即火、水、木、金、土相对应。根据《清代杨氏传抄老谱》，在八门五步提到五行与五步时曰："进步（火）、退步（水）、左顾（木）、右盼（金）、定之方中土也。""夫进退为水火之步，顾盼为金木之步，以中土为枢机之轴，怀藏八卦，脚踏五行；手步八五，其数十三，出于自然"，上述是杨式太极祖师所传，后来之人不得不守此规矩。

（一） 进的含义

进，其意为向前、向上移动，从外面到里面。

进，在太极拳中主要是用来指导步法，有上步、进步。上步：是两脚平行站立的情况下，一脚向前位移，或两脚前后位站立时，后脚越过前脚向前位移。进步：是两脚前后位站立时前脚向前位移，步法是配合招式用来进攻对方，因此进是不能单独使用的，它也用于配合劲力发放的方向和寓示对敌的策略。与五行火相对应。

进就是在敌已被我制住，或其重心已经不稳时，或敌欲侧避我时，及时向前踏进或发劲截敌、发敌的技法。其寓示敌失势时急进之策略。

（二） 退的含义

退，其意为：向后移动，离去、使向后移动，脱落等。

在太极拳步法中脚步向后移动称退步或撤步。退步：是两脚平行站立的情况下一脚向后位移，或两脚前后位站立时前脚越过后脚向后位移；撤步：是两脚前后位站立时后脚向后位移。退步和撤步一般配合运用于防守动作之多。与五行水相对应。

退就是在对方正面攻来时，我向后退步或重心后移以引敌进而落空，使其攻势失效而处于被动地位的技法。其寓示对手强大时应暂时避开退于安全之处以待其势衰之策略。

（三） 左顾的含义

在太极拳步法中左脚向左侧位移叫左行步，左为绕进之意。与五行木相对应。

左顾就是在遇对方攻来时避开正面而由两旁绕进，以避实就虚、避锋就钝攻敌制胜的技法。其寓示对手以逸待劳时，我避开对手有防备的正面而绕由对手防备较弱的一侧攻敌的策略。

（四） 右盼的含义

由左表示绕进，故右应为绕退。有随从之意，则于太极拳应为黏随之意。与五行金相对应。

右盼就是当对手以变换而又不易对付的攻势向我攻来时，跟随其劲其步不即不离弧形后退，以使其攻势失效而后寻机击敌的技法。其寓示与敌周旋，不即不离寻机反击的策略。

（五） 中定的含义

中，其意为中心、当中，指一定范围内适中的位置和四方等距离的地位。定，其意为使不移动。由此可知，中定即站在中间不动的意思。在太极拳中则应为以静制动之意，保持身体居中心位置。中定有固守原地之意。与五行土相对应。

中定就是在接对手招式之前身体保持中正，虚晃引诱时，固原地不动步，不发劲，做好准备待对手进攻再按生克制敌的技法。其寓示以静制动和以逸待劳、严阵以待的策略。

中定是太极拳中最重要最难练的步法。人体的对应窍位是丹田穴，属脾经。如欲身体稳定，只要意想丹田穴，或是命门和肚脐，立时就会非常稳固。《杨谱·太极圈》云："退圈容易进圈难，不离腰顶后与前。所难中土不离位，退易进难仔细研。此为动功非站定，倚身进退并比肩。能如水磨催急缓，云龙风虎象周旋。要用天盘从此觅，久而久之出天然。"这段口诀主要是论述太极圈的，但也涉及"中定"，并对它有精到的说明。一是指做到"中定"很难，二是说明在进退、左右的圆圈形"动功"中，也离不开"中定"，并指出"腰"与"项"的重要性。因此，"中定"有狭义、广义之分。狭义的"中定"，是指在习练拳架、定步推手和技击中的一种相对静态的"中定"，它必须重心稳固，才能前后左右顺畅松活，攻化由心。广义的"中定"，则是指习练和技击中所有一切动作的运行转换都必须以"中定"贯串其中，练拳定势时更如此，并且要做到"圆之出入，方之进退"，才能轻灵沉稳，克敌制胜。

以上对太极十三势进行了简单的释义。我们认为，对于传统文化的继承，应以辩证唯物主义的观点去对待：不能简单照搬，也不可全盘否定，要去除其糟粕，吸收其精华。太极拳先辈为后人创造的太极文化，经过数百年的实践，它是科学的，是传统文化中的精华。运用古文化的八卦、五行，定出太极拳走架的方位，它能使练拳者拓宽起落开合，阴阳虚实变化的思路。以利于对拳理、拳术、生理和拳中内涵的体验，走劲和攻防关系认识水平的提高。

第二节　传统太极拳推手方法

一、传统太极拳推手的主要方法

传统太极拳推手的方法有单推手、双推手、四正推手、四隅推手和活步双推手。一般初学太极拳推手时先从单手按化、捋化粘黏推手法、双手按化平圆粘黏推手法、双手捋化粘黏推手法、双手折叠粘黏推手法等着手，然后学习定步四手、活步四手。学习过程由易到难，由简到繁，不要急于求成，贪多求快。练习时，动作要求圆活，两臂切勿僵硬，其总体要求是能化能发，化劲松静，放劲干脆。

（一）单推手

1. 平圆单推手

（1）预备姿势

甲乙两人两臂自然垂于体侧，面对面并步站立。

注：两人间隔距离以双臂握拳前平举为准（图4－1）；短发者为甲，盘发者为乙。

要求：头部上顶，身体各部位力求做到自然、放松、竖直。

（2）单搭平圆推手（掤手）方法

甲乙两人左脚各左转约50度，右脚向前迈出一步，两脚内侧相对，两人右脚间距10～20厘米。然后双方右臂前伸，右手背手腕交叉相搭，左手掌按于身体左大腿外侧，两腿微屈，重心落于两腿之间，呈右掤搭手。（图4－2）

要　点：搭手后，双方应各含掤劲，既不可过于用力，也不可软弱无力，做到不丢不顶。

图4－1

图4－2

甲右掌内旋贴乙前臂向乙胸前推掌，同时重心前移右腿前弓；乙乘甲来劲重心后移松腰坐胯（图4－3），乙用掤劲粘黏甲右腕，上体随之向右、后转动引带，使甲掌不触胸部而空落。（图4－4）

要　点：乙右臂引带时要做到不丢不顶，快速右转身化解甲前推劲。

图4－3

图4－4

乙右掌内旋贴甲前臂向甲胸前推掌，同时重心前移右腿前弓；甲乘乙来劲重心后移松腰坐胯（图4－5），甲用掤劲粘黏乙右腕，上体随之向右、后转动引带，使乙掌不触胸部而空落。（图4－6）

图4－5

图4－6

要　点：前推掌时，重心不可移之过前，化时应转腰缩胯。重心后移不可后仰，甲乙两手不丢不顶，做到粘连黏随。

练习时：可循环往复，也可左右手、左右脚交替练习，双方推手路线呈水平圆。

2. 立圆单推手

（1）预备姿势

两人呈右掤手，动作同平圆单推手搭手。（图 4 －7）

图 4 －7

（2）单搭立圆推手方法

甲右掌内旋贴乙前臂向乙面部推掌，同时重心前移右腿前弓；乙右臂用掤劲粘黏甲右腕，顺甲来劲上体右转顺势向右上方引带甲来劲，重心后移松腰坐胯（图 4 －8），乙右掌内旋贴甲右前臂向下按甲臂至右胯旁，使甲掌不触及面部而落空。（图 4 －9）

图 4 －8

图 4 －9

乙右掌心贴甲右手臂向甲右肋部推掌，同时重心前移右腿前弓，甲重心后移松腰坐胯（图 4 －10），甲乘乙来劲上体右转右臂向右侧上引带乙右掌，使乙掌不触肋部而落空，此为立圆推手一圈。（图 4 －11）

图 4 – 10

图 4 – 11

要　点：前推时，重心不可移之过前，化劲时应转腰缩胯，重心后移身体不可后仰，甲乙两手不丢不顶，做到粘连黏随。

练习时：双方推手路线呈一个立圆循环往复，左右手和左右腿可交替练习。

3. 折叠单推手

（1）预备姿势

两人呈右掤手，动作同平圆单推手搭手。（图 4 – 12）

图 4 – 12

（2）折叠单推手方法

甲右掌内旋贴乙前臂向乙右肋部推掌，同时重心前移右腿前弓；乙右手用掤劲粘黏甲右腕顺势右手外翻手背下压甲手腕上，同时重心后移松腰坐胯（图 4 – 13），乙乘甲来劲上体右转，向右下方引带甲臂，使甲掌不触肋部而落空。（图 4 – 14）

图 4－13

图 4－14

乙右手上提至耳侧上方；甲右手贴乙右手腕部随之上提（图 4－15）。乙手内旋翻转掌心贴甲前臂上向甲右肋部前推按掌，同时重心前移右腿前弓；甲重心后移松腰坐胯，上体右转，右手外翻手背下压乙手腕上顺势向右下方引带乙右臂，使乙掌不触肋部而落空。（图 4－16）

图 4－15

图 4－16

甲右手上提至耳侧上方；乙右手贴甲右手腕部随之上提。（图 4－17）

图 4－17

要　点：前推时，重心不可移之过前，引化时应转腰缩胯，重心后移时上体不可后仰，两手不丢不顶，做到粘连黏随。

练习时：双方推手路线走一个立圆8字路线，左右手和左右腿可交替练习。

（二）双推手

1. 平圆按化双推手

（1）预备姿势

动作同单推手搭手，唯不同是两人呈双掤搭手，右手掤搭手，左手抚贴于对方右肘部（图4－18）。两人间隔距离以双臂握拳前平举为准。

注：短发者为甲，盘发者为乙。

图4－18

（2）平圆按化双推手方法

甲右掌内旋贴乙右手腕，左手贴乙肘部向乙胸部推掌，同时重心前移右腿前弓；乙重心后移松腰坐胯承接甲掤劲（图4－19），乙左手抚贴甲左肘部，上体向右转，右臂顺势向右后方引带甲来劲，使甲掌不能触及胸部而落空。（图4－20）

图4－19

图4－20

乙左手在甲肘部，右手内旋，掌心贴甲右手腕部向甲胸部推掌，同时重心前移右腿前弓；甲右手乘乙来劲，用掤劲粘乙右腕，同时重心后移松腰坐胯（图4－21），甲左手抚贴乙右肘部，上体右转顺势向右后方引带乙手臂，使乙掌不能触及胸部而落空。（图4－22）

图4－21

图4－22

要　点：推掌向前用力，引化时向下向右后引带，前推掌时用力不要过猛，以防失去重心被对方牵制反攻。

练习时：双手顺势向一个方向转动，推手路线走一个平圆，左右手和左右腿可交替练习。

（三） 四正推手

四正推手是以掤、捋、挤、按4种技击方法编排的推手攻防应用法，它是练习推手的入门功夫。通过练习四正推手，可熟悉掤、捋、挤、按的应用和训练发劲、听劲、化劲的技能，为推手实战打下良好的基础。

1. 甲乙双手掤手

两人面对并步站立，两臂垂于体侧，两人间隔距离以双臂握拳前平举，拳面相对为准。两人左脚各左转约50度，右脚向前迈出一步，两脚内侧相对，两人右脚间距10～20厘米，然后双方右臂前伸，右手背手腕交叉相搭，左手抚贴于对方右肘部，两腿微屈，重心落于两腿之间，呈右掤搭手。（图4－23）

图4－23

2. 甲捋　乙挤

甲左手抚贴于乙右肘部，右手抓握乙右手腕部向右捋乙右手臂，同时重心后移松腰坐胯（图4－24）；乙右臂掤劲，左手脱开甲右肘，掌背贴己右小臂内侧横置于胸前，随甲捋劲顺势向甲胸部前挤，同时重心前移呈右弓步。（图4－25）

图4－24

图4－25

3. 甲按　乙掤

乙随甲之捋势掤右小臂，使甲之两手被挤于胸前；甲随之重心后移。（图4－26）

甲顺乙之挤势，双手下按乙右小臂化解乙之挤劲；乙同时身体后坐微右转，乙上体右转两臂向右后引带化解甲之按劲（图4－26），乙上体微左转同时上提左臂呈左掤手，右手抚贴于甲方右肘部；甲左手腕背部贴乙左臂随之甲乙呈左掤手。（图4－27）

注：一圈结束。

图4－26

图4－27

四正推手上面介绍的是顺时针方向（对甲）练习；还可以逆时针方向练习，即从预备势开始，乙先向右捋，依次方法相同，惟方向相反。此外，左右足前后可以互换。

定步推手要领：掤、捋、挤、按化是相生相克的，即甲掤、乙捋、甲挤、乙按循环往复练习，甲乙也可交换练习，四正推手可定步练习也可活步练习。

四正推手练习要点：

推手是双方搭手对练的过程，也是不断产生矛盾和解决矛盾的过程，《太极拳论》中说到：无过不及，随屈就伸　就是指推手的一切过程都要求具有　粘黏连随　四功，不发生　顶匾丢抗　四病。《太极拳论》中说：人刚我柔谓之走，我顺人背谓之粘；动急则急应，动缓则缓随；虽变化万端，而理为一贯。这是为了做到四功，避免四病的措施。另外在推手过程中要做到“虚领顶劲，气沉丹田；不偏不倚，忽隐忽现；左重则左虚，右重则右杳，仰之则弥高，俯之则弥深；进之则愈长，退之则愈促；一羽不能加，蝇虫不能落；人不知我，我独知人，英雄所向无敌，盖皆由此而及也。

（四）四隅推手

四隅推手法包含采、挒、肘、靠 4 种攻防技击方法。由于其攻防方位为东南、东北、西北、西南四隅，走向四个方位，所以称之为四隅推手法。

预备姿势：甲乙双手掤搭。

两人面对面并步站立，两臂垂于体侧，两人间隔距离以双臂握拳前平举，拳面相对为准。两人左脚各左转约 45 度，右脚向前迈出一步，两脚内侧相对，两人右脚间距 10～20 厘米。然后双方右臂前伸右手背手腕交叉相搭，左手抚贴于对方右肘部，两腿微屈，重心落于两腿之间，呈右掤搭手。（图 4－28）

注：短发者为甲，盘发者为乙。甲面向西，乙面向东对面站立。

图 4－28

1. 甲采、挒　乙肘、靠（东南方向）

甲右脚向左后方撤一步（东南方向），右手向里内旋抓握（揽）乙右手腕向右下方采乙左手，左手脱开乙之右肘。乙右脚向前进半步（东南方向）脚落于甲左脚里侧，左手脱开甲右肘随甲采势。（图 4－29）

甲左脚向后（东南）退步，同时右手继续揽乙右手腕，左手置乙右臂上。乙左脚向前上步，左脚落于甲右脚外侧，左掌心向上抬起。（图 4－30）

图 4－29

图 4－30

甲右脚继续向后退一步（东南方）屈膝成半马步，右手揽乙右手腕，左手挒乙右臂。乙顺甲挒势右足向前（东南方）上一步，右脚落于甲左脚内侧弓膝成右弓步，右臂屈肘反掌向下，用肘顶肩靠解开甲之挒；同时，左手自右臂里侧扶于肘窝处，以助肘靠之势。（图 4－31）

甲挥右掌对乙迎面一击，化解乙之肘靠。（图 4－32）

图 4－31

图 4－32

乙重心后移左手臂由里向外接甲之右手腕，化解甲之迎面掌。（图 4－33）

2. 乙采、挒　甲肘、靠（东北方向）

乙右脚左前方（东北方向）横跨一步；同时右手上提从甲右臂外侧抓握甲右手腕。甲右脚随乙向东北方向横跨一步，落于乙右脚外侧。（图 4－34）

图 4－33

图 4－34

乙左脚继续向前上一步（东北方）脚尖内扣，身体向右后转约 180 度；同时右手由外翻反抓握甲手腕，向右下方采甲右方腕，左手臂置甲右臂上。甲顺乙下采大左脚向前上一步。（图 4－35）

乙右脚向右撤一步（东北方向），屈膝下蹲成半马步；同时右手下采（揽）甲右手腕，左手挒甲臂。同时，以左手抵甲之右臂，以助采势。甲右脚顺势向前上一步（东北方向）置于乙左脚前，弓右膝，右臂屈肘反掌向下用肘顶肩靠乙，左手自右臂里侧扶于肘窝处。（图 4－36）

图 4－35

图 4－36

乙挥右掌对甲迎面击掌，化解甲之肘靠。（图 4－37）

甲重心后移左手臂由里向上接乙右手腕，化解甲之迎面掌。（图 4－38）

图 4 –37

图 4 –38

3. 甲采、挒　乙肘、靠（西北方向）

甲右脚向左侧方（西北方向）横跨一步；同时右手上提从甲右臂外侧抓握甲右手腕。乙右脚随甲向西北方向横跨一步，落于甲右脚外侧。（图 4 –39）

甲左脚继续向左侧横跨一步（西北方），脚尖内扣，身体向右后转约 180 度；同时右手由里向外翻反抓握乙手腕，向右下采乙右手腕。乙顺甲下采势左脚向前上一步。（图4 –40）

图 4 –39

图 4 –40

甲右脚继向西北方向撤一步，重心右移屈膝下蹲成半马步；右手继续下采（揽）乙右手腕，同时左手挒乙上臂以助采势。乙顺甲采势右脚继续向前上一步（西北方向）置于甲左脚前，弓右膝，右臂屈肘反掌向下用肘顶肩靠甲，左手自右臂里侧扶于肘窝处。（图4 –41）

甲挥右掌对乙迎面击掌，化解乙之肘靠。（图 4 –42）

图 4 -41

图 4 -42

乙重心后移左手臂由里向上接甲右手腕，化解甲之迎面掌。（图 4 -43）

4. 乙采、挒　甲肘、靠（西南方向）

乙右脚向左侧方（西南方向）横跨一步；同时右手上提从甲右臂外侧抓握甲右手腕。甲右脚向右（西南方向）横跨一步，落于乙右脚外侧。（图 4 -44）

图 4 -43

图 4 -44

乙左脚继续向右侧横跨一步（西南方向），脚尖内扣，身体向右后转约 180 度；同时右手由外翻反抓握甲手腕，向右下采甲右手腕。甲顺乙下采势左脚向前上一步。（图 4 -45）

乙右脚继向后（西南方向）撤一步，重心右移屈膝下蹲成半马步；右手继续下采（揽）乙右手腕，同时左手挒甲上臂以助采势。甲顺乙采势右脚继续向前上一步（西南方向）置于乙左脚前弓右膝，右臂屈肘反掌向下用肘顶肩靠乙，左手自右臂里侧扶于肘窝处。（图 4 -46）

图4－45

图4－46

（五） 活步双推手

活步双推手是两人在行进间一边走步一边做四正推手，前进、后退，左顾、右盼手脚并用。在定步推手练至腰腿都可以粘黏连随，身法步法都能和顺自然，随机应变，无丝毫拙力后，才能进一步练活步推手，使全身上下一致，在动步时能化人发人。

二、各式传统太极拳推手的特点

（一） 陈式太极拳传统推手的方法

传统陈式太极拳推手的基本方法有五种：挽花（单手挽花和双手挽花）、合步推手（定步）、顺步推手（一进一退）、活步推手和大捋。大捋分为高架、中架和低架三种，低架主要是仆步捋手，这种方法主要是练习下盘的肌肉力量以稳固下盘功夫。基本步法为一进一退，也可以连续进步或连续退步，进者为按挤，退者为掤捋，每四手推过一圈即一进一退，四正手的推手熟练了，然后掺入采、挒、肘、靠，也称作为大捋、大靠。基本步法熟练后，可以练习“散步”推手，即不拘方向的动步，也有称作“乱踩花”的。

（二） 杨式太极拳传统推手的方法

传统杨式太极拳推手有三种基本方法：定步推手，活步推手，大捋（四隅手）。

1. 定步推手

杨式定步推手包括：定步单推手、双推手。

2. 活步推手

杨式活步推手包括：合步推手、套步推手。

（1） 合步推手

合步双推手上肢手法仍然四正手；步法是进三步、退三步。甲乙右脚在前合步双搭掤手，甲退乙进。甲收提起后脚（左脚）仍下落原地；乙同时收提前脚（右脚）后仍下落原地，接着甲向后退右步同时乙上左步，甲继续退左步同时乙上右步（图 4－47～图 4－53）。反之，乙退三步，甲进三步；也可连续进步，连续退步，循环往复练习。

图 4－47

图 4－48

图 4－49

图 4－50

图 4－51

图 4－52

图 4－53

（2）套步推手

甲乙右脚在前合步双搭掤手，甲退步乙进步。乙右脚向甲右脚内侧进步，同时甲右脚向后退步；接着乙左脚向前上步落于甲右脚外侧，同时甲左脚向后退一步；接着乙左脚向前上步落于甲左脚内侧，同时甲右脚向后退一步。然后转之为甲进三步，乙退三步。

3. 大捋（四隅手）

大捋因有步法的配合，捋的幅度就较定步推手中的捋幅度要大，所以称为大捋；又由于大捋步法的方向是朝着四个斜角方向走的（东北、东南、西南、西北四隅），因此又称之为四隅推手法；又因它的主要动作是捋和靠，在每个循环中，两人合计有四个捋和四个靠。

（三）吴式太极拳传统推手的方法

传统的吴式太极拳推手以柔化著称，除了通常的四正手等方法外，还有推手十三法，包括里、外粘肘、平肘、立肘、大缠腕、小缠腕、缠腕靠、缠头式、裹脑式、倒提壶、冲天掌、提膝式、十字手。

（四）武式太极拳传统推手的方法

武式太极拳推手是武禹襄、李亦畲二人所传授下来的，仅有活步推手一种。拳谱云：“活步推手可以灵活运用，没有呆滞之弊，既可锻炼步法和身法，同时又可练习粘、连、黏、随；且在运动之时经常得以保持中正稳定的姿势，动中仍可发劲。”熟练之后，可以达到所谓：“行、止、坐、卧都是练拳的境界。”武式推手的步法是进步三进半，退步三退半，第一、二步前进时，进步的一脚都是踏在对方前脚的外侧，第三步上步时，一脚踏在对方裆步中间，第四步则后脚移至前脚边，脚尖点地，称为半步。无论踏在对方外侧或裆步中间，都应稍微贴近对方前脚。在一条直线上我进彼退，彼进我退，上手同各式推手运用掤、捋、挤、按四手。

（五）孙式太极拳传统推手的方法

传统的孙式太极拳推手有静（定）步、动（活）步、合步、顺步推手等。静步推手主要是为初学者练习，体会粘、连、黏、随的劲道；之后再运用合步、顺步及动步推手。活步推手法主要采用三进三退步，上下肢的配合同各式太极拳推手。

思考题

1. 重点掌握四正推手的方法。
2. 查阅各式太极拳推手的特殊方法，丰富自己的推手技术。

参考文献

[1]人民体育出版社编. 太极全书[M]. 北京:人民体育出版社,1988.
[2]李亭全. 太极拳推手要论[M]. 北京:人民体育出版社,2009.
[3]郝少如. 武式太极拳[M]. 北京:人民体育出版社,1992.
[4]于志钧. 太极拳推手修炼[M]. 北京:北京体育大学出版社,1996.
[5]陈正雷. 陈式太极拳术[M]. 太原:山西科学技术出版社,1999.

第五章　太极拳推手实用技战术与竞赛

本章提要

1. 太极拳的拳势中包含了八法，法与招不可分离。
2. 每一个劲法都有经典拳势可以供训练和使用。
3. 劲法是有法不定法，需要灵活应用。
4. 太极拳推手的战术和竞赛方法。

第一节　推手实用八法技术

传统太极拳常常说的“太极拳怀抱八卦”是什么意思呢？太极拳八法掤、捋、挤、按、采、挒、肘、靠能不能实用呢？与太极拳的套路动作之间有联系吗？本节将从拳势的角度讲解八法在比赛、实际防身中的实用方法。

一、掤　法

太极拳八法中掤被称为“母法”，是其他劲法的基础，在具体拳势中，以杨式太极拳为例，揽雀尾的掤是具有代表性的动作，劲离不开招，招以劲为核心，在推手中掤（劲）法渗透在几乎所有的动作和劲法中，占有非常重要的地位，有万法出于掤之说。

礼　仪

1. 动作过程

（1）并步站立

甲乙两人相向面对面站立，两人之间相距一臂距离，两脚并立，脚尖朝前，两手自然放在体侧，目视对手的咽喉处。（图5－1）

（2）扣腕握手

两人同时伸出右手，右手互相扣腕握手，左手不动，身体自然站立。（图5－2）

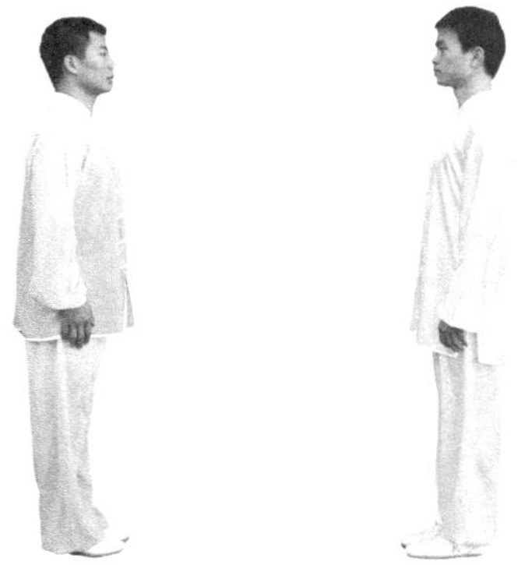

图5－1　并步站立

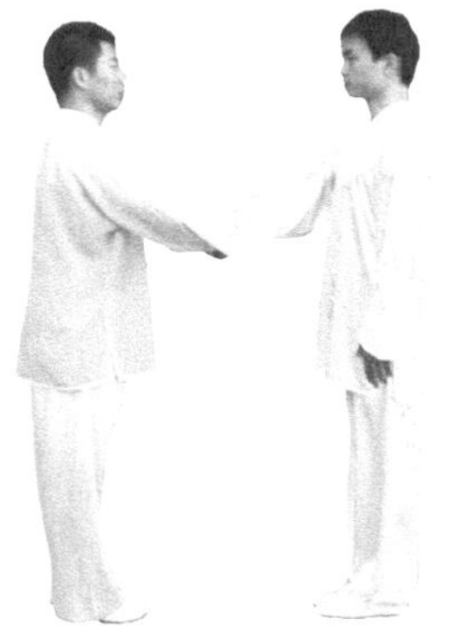

图5－2　扣腕握手

（3）撤步抱拳礼

两人同时向后撤右步，收左脚，并步站立，随即甲乙双方同时互行抱拳礼，礼毕之后，两手放于体侧，恢复自然站立姿态。（图5－3～图5－5）

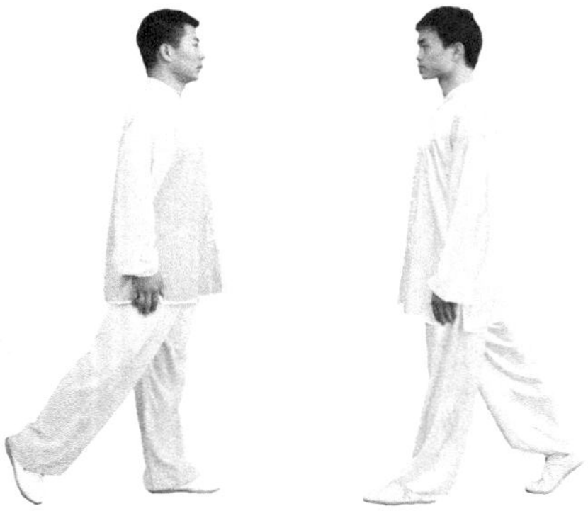

图 5-3　右脚撤步

图 5-4　双方行礼

图 5-5　并步站立

(4) 上步对拳

甲乙双方同时向前上左脚一步，两人之间的距离以直臂伸出两拳，肘关节微屈拳面相触为宜，两人之间正好形成一个最佳的推手距离。(图 5-6、图 5-7)

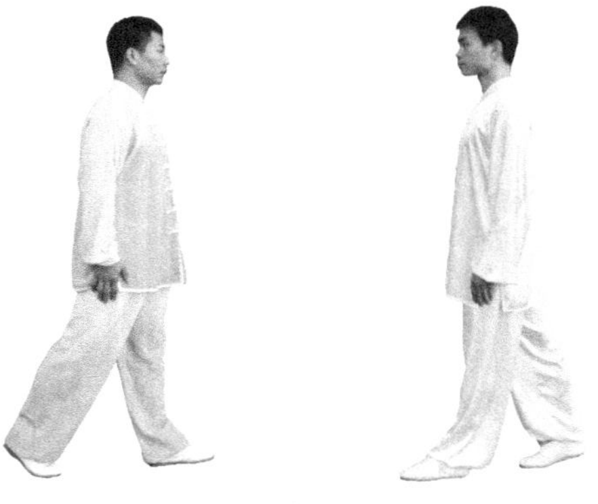

图 5-6　左脚上步

图 5-7　直臂对拳

2. 动作含义

扣腕握手，两手臂呈太极图中的S形，寓意两人组成太极图。这个礼仪过程代表着两个人是在进行一场　阴阳结合，刚柔相摩　的友好交流。

（一）进步双掤手

1. 动作过程

（1）上步搭手

甲乙两人同时以左脚跟为轴，左脚尖外摆45度，上右脚，成三七式虚步，右手腕部（阳面手背方向）相触，左手掌心（劳宫穴）轻触对手的肘尖部位，目视对手的咽喉处。（图5－8）

图5－8　上步搭手（正面）

图5－8　上步搭手（背面）

（2）进步掤手

甲方后边左脚蹬地，右脚向前进步，右脚踩在乙方的两脚之间，甲方左手下按，掌心朝下，右手臂保持屈肘拱形结构，将乙方向斜后上方掤出。（图5－9～图5－11）

图5－9　借力后引

图5－10　进步按手（正面）

图5－10　进步按手（背面）

图5－11　弓步掤手

在练习中，乙方保持好间架，顺势后退，保护好自己。接下来，乙方进攻，甲方喂手，动作过程不变，循环往复。

2. 动作要点

（1）进攻时，后脚用力蹬地，前脚要踩到对手中线处，穿越对方的重心。

（2）全身各关节要保持拱形结构，形成周身合力，利用重心移动发出对手。

（二）进步右掤手

1. 动作过程

（1）*上步搭手*（图5－12）

说明：本章节动作均以右脚在前的搭手势开始，只说明一侧。同上动搭手势。

（2）*左按右掤*

甲方左手从乙方下侧向外绕划开乙方右手，顺势按住乙方右手腕，甲方右手臂中点横置在乙方右臂腋下成掤式；同时，甲方右脚上一小步，踩在乙方两脚之间，右臂向上方用力掤出乙方。（图5－13～图5－16）

图5－12　上步搭手

图5－13　挂臂分手

图5－14　后引掤臂

图5－15　蓄劲掤臂

图5－16　进步掤发

练习时，乙方保持好间架，顺势后退，保护好自己。接下来，乙方进攻，甲方喂手，动作过程不变，循环往复。

2. 动作要点

（1）“掤在手臂”，以右手小臂的中点为接触点，身体重心下沉，右臂上掤，反向用劲，保持整体劲。

（2）甲方左手划开乙方右臂时，右手同时跟进，在此过程中上下肢要协调配合。

（三）上步左掤手

1. 动作过程

（1）上步搭手（图5－17）

图5－17　上步搭手

（2）拔手换步

甲方左手外绕拨开乙方右手，左手顺势按住乙方右手腕，随即左臂横加于乙方左腋下；同时，右脚微后撤，左脚上步套在乙方右脚跟处，形成左掤势。（图 5－18～图 5－20）

图 5－18　挂臂分手

图 5－19　绕臂缠手

图 5－20　后引掤臂

（3）弓步掤手

甲方右脚蹬地，左脚略向前（或者不动步），左手保持拱形结构，右手下按，控制住乙方的右手腕，用整体劲将乙方掤出。（图 5－21）

图 5－21　弓步掤手

练习时，乙方保持好间架，顺势后退，保护好自己。接下来，乙方进攻，甲方喂手，动作过程不变，循环往复。

2. 动作要点

（1）掤发时，后脚用力蹬地，前脚或套锁对方脚跟或者踩到对方重心线处，穿越对方的重心线，可以达到发放效果。

（2）绕臂、换手、按腕、换步、进步、掤发要一气呵成，不可间断。

二、捋　法

捋法，与掤相对应，属于四正方法之一。捋法是顺势牵引对方，在杨式太极拳中的代表拳势是揽雀尾中的捋，实战中常常在对手顶力时使用。

礼　仪

同掤式礼仪。（参见图 5－1～图 5－7）

（一）撤步平捋

1. 动作过程

（1）上步搭手（图 5－22）

图 5－22　上步搭手

（2）撤步平捋

接搭手势，甲方左手外绕拨开乙方右手，左手（或者小臂）顺势夹住乙方右小臂肘关节处，右手沿乙方右小臂顺势夹住乙方右手腕处，同时，甲方右脚后撤一步，转腰发力，将乙方向后水平方向捋出。（图 5－23～图 5－26）

图 5－23　借力后引

图 5－24　后引绕臂

图 5－25　撤步平捋

图 5－26　撤步后引

在实际应用中，当对手双手直接推按胸部时，可以通过胸部柔化，利用右手左手依次绞手外拨，再做平捋。

2. 动作要点

（1）甲方捋时要腰拉，腰转，腰、脚、手协调配合，撤步整体运动形成合力。

（2）甲方的右手扣住乙方的右手腕，左手掌或者小臂要控制乙方的右手肘关节。

（3）捋时甲方两手臂合力夹住对方手臂，以防乙方右手旋转逃脱。

（二）撤步下捋

1. 动作过程

（1）上步搭手（图 5－27）

图 5－27　上步搭手

（2）撤步下捋

接搭手势，甲方左手外绕拨开乙方右手，左手（或者小臂）顺势夹住乙方右小臂肘关节处，右手沿乙方右小臂顺势夹住乙方右手腕处，同时，甲方右脚后撤一步，身体下坐转腰发力，将乙方向下、向后方向捋倒。（图 5－28～图 5－31）

图5－28　分手绕臂

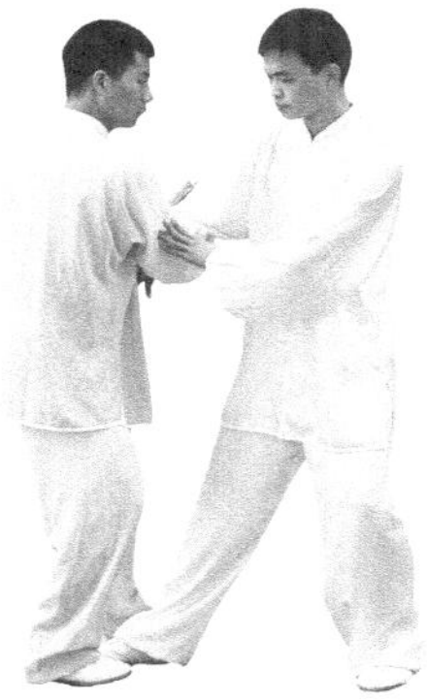

图5－29　上步绕臂（正面）

图5－29　上步绕臂（背面）

图5－30　后撤下捋（1）

图5－31　后撤下捋（2）

2. 动作要点

（1）不同于平捋的要点，主要是方向改变，因此，撤步时要侧身，让出中线，防止对手顺势撞击身体重心。

（2）“捋在掌中”，要区别于采法和拉拽的方法，不要五指抓握对手，不要用死力反方向与对手较劲，相互拉扯，一定要注意顺势借力。

（三）绕步后捋

1. 动作过程

（1）上步搭手（图 5 – 32）

图 5 – 32　上步搭手

（2）绕步后捋

接搭手势，甲方左手外绕拨开乙方右手，左手（或者小臂）顺势夹住乙方右大臂肩关节处，右手沿乙方右小臂顺势夹住乙方右肘关节处，同时，甲方左脚上到乙方右脚脚跟外侧，右脚向自己左脚后插步，随即以左脚为中心，身体向右后转体（度数可以是 90 度，180 度，270 度），利用转体惯性，转腰发力，将乙方向后、向外、向下方向捋放。（图5 – 33 ~ 图 5 – 37）

图 5 – 33　分手绕臂

图 5 – 34　挂臂后引

图 5－35　上步引臂（正面）

图 5－35　上步引臂（背面）

图 5－36　撤步下捋（正面）

图 5－36　撤步下捋（背面）

图 5－37　弓步下捋

2. 动作要点

（1）关键是转体时，不与对手角力，而是巧妙利用转轴顺势改变方向，使对手沿离心力圆的切线摔出，因此上步、插步、转体要以左脚为支点，身体围绕垂直轴转动，连续不间断完成。

（2）绕臂接手时，要右手插在对手腋下，捋缠对手手臂，尽力控制住对手的肩关节处，接近对手的重心垂直轴，防止对手逃脱。

三、挤　法

挤法是四正方法之一。挤法是在掤劲的基础，利用合力作用对手重心，逼迫对手跌出，拳势中以杨式太极拳为例，揽雀尾的挤是具有代表性的动作。

礼　仪

同掤式礼仪。（参见图5－1～图5－7）

（一）合手直挤

1. 动作过程

（1）上步搭手（图5－38）

（2）合手直挤

从搭手势，甲方右手臂做掤法撑住对方手臂，左手从对方肘下方顺势与自己右手腕部相合，同时，右脚直接踏踩对方两脚之间，全身合力，直接合掌挤打对手胸中线，令对手跌出。（图5－39～图5－41）

图5－38　上步搭手

图5－39　借力后引

图5－40　上步合挤

图5－41　弓步挤发

2. 动作要点

（1）“挤在掌背”。与对手接触点是掌背，其实是后背保持拱形拉成像弓状，发力再加上全身整体重心移动惯性的撞击劲。

（2）前手逼住对手重心是很重要的技术，再加上另一只手合劲撞打，全身移动就可以产生整体挤劲。

（二）绕臂右挤

1. 动作过程

（1）上步搭手（图5－42）

（2）绕臂右挤

接搭手势，甲方保持右肘关节用掤劲撑住对手不能丢劲，借对手的力作为支点，左手从对方右手前臂下外绕缠出，合向右掌，右手缠捋乙方右臂，捋握住对方手腕部，随即右臂横于乙方胸前，此时，左掌合于右手腕，右手背贴着乙方胸部中线或者腋下中线，同时，右脚直接踏踩对方两脚之间，全身合力挤出乙方。（图5－43～图5－45）

图5－42　上步搭手

图5－43　分手缠臂

图5－44　上步合挤

图5－45　弓步挤发

2. 动作要点

（1）与直接挤要点不同的是要绕臂合手，绕臂时要避开对手用力点顺着对手手臂滑进其两臂之间，找准对方中心线。

（2）贴身进步不要给对手反击的空隙。

（三） 上步左挤

1. 动作过程

（1） 上步搭手

甲乙两人同时左脚外摆45 度，迈出右步，成三七式虚步，右手腕部阳侧相触，左手劳宫穴触及对手的肘尖处，目视对手的咽喉处。（图 5 – 46）

图 5 – 46　上步搭手

（2） 拨手换步

甲方左手外绕拨开乙方右手，左手顺势按住乙方右手腕，随即左臂横加于乙方左腋下，右手顺势向左手腕出合击；同时，右脚微后撤，左脚上步套在乙方右脚跟处或者踩在乙方两脚之间，形成左掤右掌前挤势。（图 5 – 47 ~ 图 5 – 49）

图 5 – 47　挂臂分手

图 5 – 48　后引缠臂

图 5 – 49　上步后引

（3）弓步左挤

上动不停，紧接着，右手迅速向左手合击，同时，左脚活步，右脚蹬地，两手相合，左手背贴着对方身体侧中线，全身合力挤出。（图5－50～图5－51）

图5－50　上步合手

图5－51　弓步挤发

2. 动作要点

（1）手臂绕转时，与对手接触点不产生位移，巧妙利用此点作为支撑点顺势转化近身，两手的上下交替倒换要快速，把位准确。

（2）完成向前挤打，背向后拔，对向用力。

（3）挤打接触点要贴近对方中心线，而且根据情况变化，不一定只是向后的挤打，左右侧也可以实现挤打发力。

四、按　法

按法属于四正方法之一。按法以向下用力为主，可以借助对手反作用力，产生按发像拍球的发人效果。以杨式太极拳为例，拳势中揽雀尾的按是具有代表性的动作，如封似闭也是代表拳势之一。

礼　仪

同掤式礼仪。（参见图5－1～图5－7）

（一）封手前按

1. 动作过程

（1）上步搭手（图 5 –52）

（2）封手前按

甲方右手横移至于乙方右手腕处，左手顺势按在乙方肘关节处，如拳势的如封似闭动作，同时，右脚直接踏踩对方两脚之间，全身合力，直接通过按压乙方手臂向其胸部施加压力，若对方反抗，则借力再上发，令对手弹跳跌出。（图 5 –53 ~ 图 5 –55）

图 5 –52　上步搭手

图 5 –53　后坐引臂

图 5 –54　上步前按

图 5 –55　弓步发劲

2. 动作要点

（1）按不是前推，要区别开。

（2）“按在腰攻”，充分利用身体，全身重力下压，再激起对方反抗力，然后顺势借力向上发放。

（二）挂臂前按

1. 动作过程

（1）上步搭手（图5－56）

（2）挂臂前按

接搭手势，若乙方先按甲方胸部，甲方则双臂上挂化解按劲后，反向乙方胸部按劲。（图5－57～图5－59）

图5－56 上步搭手

图5－57 挂臂分手

图5－58 上步前按

图5－59 弓步发力

2. 动作要点

（1）挂臂化劲时手臂要后引身体前进，保持双向的平衡用劲。

（2）接触点要有滚动的细微动作。

（三） 挂臂按胯

1. 动作过程

（1） 上步搭手（图5－60）

（2） 挂臂按胯

接搭手势，甲方左手从乙方右臂下向外绕划开乙方右手，顺势按住乙方右胯髋关节处，右手也顺势滑落至乙方左胯处；同时，右脚进步，全身下沉合力下按，令乙方坐跌而出。（图5－61～图5－63）

图5－60 上步搭手

图5－61 挂臂分手

图5－62 上步按胯

图5－63 弓步发力

2. 动作要点

（1） 按在对手胯关节折叠处，容易将对手按倒。

（2） 实际使用中可以上右脚，以陈式太极拳的六封四闭的动作加上胯的动作合力下按。

五、采　法

采法属于四隅方法，瞬间十指紧握加上身体沉坠整劲，常常使对手猝不及防，起到出奇制胜的效果。在拳势中，孙式太极拳中的披身伏虎动作中双手采劲明显，杨式太极拳中也有采法，如蹬脚后接双峰贯耳过程中就有采法，海底针也有采法。

礼　仪

同掤式礼仪。（参见图5－1～图5－7）

（一）　握单臂采

1. 动作过程

（1）上步搭手（图5－64）

图5－64　上步搭手

（2）握单臂采

接搭手势，甲方先以掤劲引乙方用力，待乙方对抗用力时，甲方右手向拇指方向旋转，左手向上推乙方右肘将乙方右臂向上引起至最高点时，随即将乙方右臂反转手向下，肘在上，甲方左手抓乙方右肘曲池穴，右手抓乙方右手虎口合谷穴，将其右臂向下突然下拉；同时，甲方右脚后撤，利用身体下坠，双手紧握合力，采乙方右臂，使其向甲方脚下方向倾倒。（图5－65～图5－68）

图 5－65　借力上引

图 5－66　后坐下引

图 5－67　撤步下采

图 5－68　仆步下采

2. 动作要点

（1）开始问劲要充分，待对方确实用力充足时再向上引动，借力打力，否则无法通过控制其右臂将其重心提起。

（2）下采时身体下坠与双手下拉用力要协调一致，将双手下拉之力、自身重心主动下坠之力叠加在一起作用于对方身上。

（3）在整个技术运用过程中，应用欲下先上原理。

（二）搱双臂采

1. 动作过程

（1）上步搭手（图5－69）

图5－69　上步搭手

（2）搱双臂采

接搭手势，甲方先以挪劲问劲，当对方用力反抗时，甲方右臂保持挪劲，左手迅速从对方右臂下，经过内侧向外挂开，并顺势握住乙方右手腕；同时，甲方以右肘为中心绕乙方左臂，向小指一侧逆时针旋转，右手握乙方左手腕，双手握住乙方两手腕；同时，甲方撤右脚，身体迅速下坠，双手紧握乙方手腕向下拉动，将乙方重心向上、再向下引动，使乙方向甲方脚下方向倾倒。（图5－70～图5－73）

图5－70　挂臂分手

图5－71　后坐扣腕

图5－72　撤步下采

图5－73　仆步下采

2. 动作要点

（1）采握对方的过程中，右臂的掤劲须保持住，不可丢。

（2）双手配合要熟练流畅，手臂与右脚撤步要协调一致。

（3）发力下采时，要借力引动，再突然向下用力才能达到理想的效果。

（三）单手下采

1. 动作过程

（1）上步搭手（图5－74）

图5－74　上步搭手

(2) 单手下采

接搭手势，甲方先以掤劲引乙方用力，待乙方对抗用力时，甲方右手向拇指方向旋转，左手向上推乙方右肘将乙方右臂向上引起至最高点时，随即右手将乙方右臂反转手向下，将其右臂向下突然下拉；同时，甲方右脚后撤，利用身体下坠，右手紧握合力，采乙方右臂，使其向甲方脚下方向倾倒。(图 5－75～图 5－77)

图 5－75　后坐引臂

图 5－76　撤步扣腕（正面）

图 5－76　撤步扣腕（背面）

图 5－77　弓步下采

2. 动作要点

(1) 采握对方的过程中，右臂的掤劲须保持住，不可丢。

(2) 手臂与右脚撤步要协调一致。

(3) 发力下采时，要借力引动，再突然向下用力才能达到理想的效果。

六、挒　法

挒法属于四隅方法，相错发力，有撕开的作用，实战中挒法可以使对手被困住难以脱身，摔跌翻倒，在杨式太极拳的拳势中，野马分鬃是一个典型动作。

礼 仪

同掤式礼仪。(参见图5-1~图5-7)

(一) 缠臂分捌

1. 动作过程

(1) 上步搭手(图5-78)

图5-78 上步搭手

(2) 缠臂分捌

接搭手势，甲方左手心以乙方的右肘为支点，向下、向乙方左臂顺势滑动，经胸前，缠握乙方的左大臂内侧，手心向外抓住乙方的手臂肘关节处；甲方右手以乙方的左手心为支点向下滑动至乙方的左手腕，抓住对方的手腕，甲方控制住乙方整个左臂；同时，左脚向前上一步，左脚套住乙方的左脚跟处，随即身体左转，上下身体对向发力，令乙方翻倒跌出。(图5-79~图5-82)

图5-79 后坐引臂

图5-80 分手缠臂

图5－81　上步穿臂

图5－82　弓步分拐

2. 动作要点

（1）动作过程上下肢，必须同时相对用力，形成一种剪刀的分劲，一气呵成，不能断劲。

（2）缠手要顺着对手的手臂滑动，体现粘连黏随。

（二）挂臂分拐

1. 动作过程

（1）上步搭手（图5－83）

图5－83　上步搭手

（2）挂臂分拐

接搭手势，甲方左手外绕缠绕一周化开乙方右手，左手（或者小臂）顺势插在乙方右大臂腋下，右手抓握乙方右手腕，控制乙方右臂；同时，右脚微后撤（或者不动，视两人间距而定），左脚上步套在乙方左脚跟处或者两脚之间，随即身体左转，上下身体对向发力，令乙方翻倒跌出。（图5－84～图5－87）

图 5－84　挂臂分手

图 5－85　后坐引臂

图 5－86　上步穿臂

图 5－87　弓步分捌

2. 动作要点

（1）与上个动作不同之处是控制对方左臂，相对而言，离自己身体较近，需要手法顺势借力缠臂，不可丢劲，防止对方抽手逃脱。

（2）上步要尽力卡住乙方脚跟，形成下管腿，上转腰发力，上下对向剪切发力。

（三）采臂分捌

1. 动作过程

（1）上步搭手（图 5－88）

（2）采臂分捌

接搭手势，甲方左手外绕缠绕一周化开乙方右手，顺势控制乙方右臂，右手（或者小臂）顺势插在乙方左大臂腋下（或左颈处）；同时，右脚进步（或者不动，视两人间距而定），右脚上步套在乙方两脚之间，随即身体左转，上下身体对向发力，令乙方翻倒跌出。（图 5－89～图 5－91）

图5－88 上步搭手

图5－89 后坐引臂

图5－90 挂臂分手

图5－91 采臂分捌

2. 动作要点

（1）控制对方右臂，需要手法顺势借力引臂，不可丢劲，防止对方抽手逃脱。

（2）上步要尽力卡住乙方脚跟，形成下管腿，上转腰发力。

七、肘 法

肘法属于四隅方法，可以产生较大的冲击力使对手翻跌。在陈式太极拳的拳势中，退步压肘是一个典型动作。

礼 仪

同掤式礼仪。（参见图 5－1～图 5－7）

（一） 上步压肘

1. 动作过程

（1） 上步搭手（图 5－92）

（2） 上步压肘

接搭手势，甲方左手从乙方右手下外缠拨开，右手回捋乙方右臂，随即屈右肘，左手滑至乙方腰的命门处（肚脐眼正对处）；同时，上右脚，卡在乙方右脚跟处，肘关节下压，将乙方折倒。（图 5－93～图 5－96）

图 5－92 上步搭手

图 5－93 挂臂缠手

图 5－94 缠手引臂

图 5－95 上步压肘

图5－96 弓步压肘（正面）

图5－96 弓步压肘（背面）

2. 动作要点

（1）动作过程，上右脚与下压右肘上下同时相对用力，形成一种错劲。

（2）左手控制乙方的腰部位置与右肘下压之间距离要保持上半身长度。

（二）拗步压肘

1. 动作过程

（1）上步搭手（图5－97）

（2）进步压肘

与上步压肘唯一不同的是左脚上一步，形成左脚在前的拗步压肘姿势。（图5－98～图5－100）

图5－97 上步搭手

图5－98 挂臂缠手（正面）

图5－98　挂臂缠手（背面）

图5－99　进步压肘

图5－100　弓步压肘（正面）

图5－100　弓步压肘（背面）

2. 动作要点

（1）保持右肘与左脚逆向对折相合。

（2）上下同时用劲。

（三） 扣膝压肘

1. 动作过程

（1） 上步搭手（图5－101）

图5－101　上步搭手

（2） 扣膝压肘

接搭手势，甲方左手从乙方右手上外引拨开，同时右脚顺势进步，屈右肘，肘尖位于乙方背部，呈立肘，随即右膝内扣；同时，肘关节下压发力，将乙方折倒。（图5－102～图5－105）

2. 动作要点

（1） 保持右肘与右膝逆向对折相合。

（2） 上下同时用劲。

图5－102　后坐引臂

图5－103　进步屈肘

图5－104　扣膝压肘（1）

图5－105　扣膝压肘（2）

八、靠　法

靠法属于四隅方法，以肩靠为主要部位，通过重心整体移动产生较大的冲力，实战中靠法可以使对手被撞击跌出。在杨式太极拳的拳势户，白鹤亮翅等拳势中有此方法，在大捋中非常明显。

礼　仪

同掤式礼仪。（参见图5－1～图5－7）

（一）进步前靠

1．动作过程

（1）上步搭手（图5－106）

图5－106　上步搭手

(2) 进步前靠

接搭手势，甲方右手向外、向下采乙方右手下落，左手顺势推乙方右肩；同时，进右脚踩在乙方两脚之间，用右肩直接撞击乙方右肩或者胸部。(图 5－107～图 5－109)

图 5－107　后坐引臂

图 5－108　进步下采

图 5－109　进步前靠

2. 动作要点

(1) 向右下采时，身体重心要保持稳定在支撑面内，注意含胸蓄劲发力。

(2) 左手封住乙方肘部防止其屈肘进攻。

(3) 靠击时，力量起于脚，发于腿，主宰在腰力量传递到肩部形成靠劲将对方发出。

（二）站中前靠

1. 动作过程

(1) 上步搭手 (图 5－110)

图 5－110　上步搭手

（2）挂臂站中

接搭手势，甲方左手从下向上拨开乙方右臂，左手采抓乙方右腕，右手顺势采抓依法左腕；同时，上右脚踏在乙方两脚之间，用右肩直接靠击乙方胸中线，将对方向前靠出。（图5－111～图5－115）

图5－111　后坐引手

图5－112　挂臂分手

图5－113　采臂进步（正面）

图5－113　采臂进步（背面）

图5－114　弓步前靠

图5－115　弓步前靠

2. 动作要点

（1）甲方左手向外采抓时应随身体转动，手臂与躯干协调一致，上下相随。

（2）两腋虚空约一拳距离，不要紧贴躯干，做到沉肩坠肘，含胸拔背，转化自如。

（四）拗步前靠

1. 动作过程

（1）上步搭手（图 5－116）

图 5－116　上步搭手

（2）拗步前靠

接搭手势，甲方顺势下落采抓乙方左手腕，左手臂贴住乙方右手臂，向乙方左臂滑动，顺势采住乙方小臂，向乙方右侧拉动，使对手成反身状态；同时，甲方上左脚于乙方右脚外侧，随后用右肩靠向乙方左肩发力靠击。（图 5－117～图 5－120）

图 5－117　缠臂分手（1）

图 5－118　缠臂分手（2）

图 5－119　进步采臂

图 5－120　弓步前靠（正面）

图 5－120　弓步前靠（背面）

2. 动作要点

（1）上下配合，重心转换分清楚虚实腿。

（2）上步过程中，脚跟先着地而后重心移至前脚，膝关节向前不超脚尖，避免失重。

（3）上步靠肩注意利用对方的力，采取引进落空合即出，达到借力打力技击效果。

第二节　太极拳竞技推手战术

《运动训练学》对竞技战术的定义是：竞技战术是指在比赛中为战胜对手或者为获胜期望的比赛结果而采取的计谋和行动。推手竞技是指以比赛形式进行的运动，包括正式的太极拳竞技比赛，以及日常训练中模拟比赛，或者民间太极拳习练者之间的比赛，换而言之，以判断胜负为主的比赛都是竞技类型的推手。

太极拳推手竞技战术就是在推手比赛中为战胜对手或者为获胜期望的比赛结果而采取的计谋和行动。

一、太极拳竞技推手的战术原则

（一）依据太极拳推手运动特点设计战术

太极拳推手是贴身近体的运动，不同于离体“远踢、近打”的格斗，要求粘黏连随，刚柔相济，必须采用八法技术进行比赛。战术和技术不可分离，因此，推手比赛中战术设计不能背离推手运动特点和技术要求，不能钻规则的空子，否则不利于推手项目健康发展，更不利于被人们认同和喜爱。

（二） 依据各式太极拳推手特点设计战术

太极拳分为陈、杨、武、吴、孙等各式太极拳，各式太极拳的技术风格不同，推手的侧重点有区别，一般运动员从事和擅长的太极拳也不同，因此，制定战术时要充分考虑自己擅长的太极拳流派的推手技术特长。例如，以练习杨式太极拳为主的运动员，其推手特点秉承杨式太极拳的动作宏大、劲力沉稳的特点；陈式太极拳的选手则擅长发劲，手法变化丰富；练习吴式太极拳的运动员，一般柔化顺随，特别是推手的十三法丰富巧妙；武式太极拳的练习者，架势相对高，推手时脚底发劲，全身整劲突出；擅长孙式太极拳的练习者，则具有孙式太极拳推手走立圆，找中轴，催动对方支撑脚的特点等。这些特点必须考虑，既要考虑自己的技术特点，也要考虑对方的优劣，最好做到“人不知我，我独知人”。

（三） 依据太极拳推手规则和评判设计战术

虽然国家武术院颁布了《武术太极拳竞赛规则》（1994 年），但是，由于后来国家正式比赛取消，地方的推手比赛还有延续，因此，不同的比赛规则也有所不同，特别是裁判的判罚尺度有差别，如对“侵人犯规”，有的裁判员判得松，有的裁判员判得严，如果战术设计忽略了这些情况，或许会造成不应有的失败。因此，制定战术也要重视这一方面。

二、太极拳竞技推手的战术实施方案

战术实施方案是指为保证比赛目标顺利实现的具体操作方案。早期武术教材称作“战术形式”，《中国散手》（1990 年）把战术形式分为：直攻、强攻、佯攻、迂回、制长、制短、多点、重创、突袭、反击、下台、边角、体力、心理十四种。这些战术具体方法对太极拳推手竞技具有很好的借鉴和应用价值。但是，推手比赛的战术方法也有自身的特点，主要有以下三方面。

（一） “刚在他力之前” 截劲战术

“刚在他力之前”语出明俞大猷《剑经·总诀歌》。在太极拳推手中很讲究对劲力的控制，如果通过“听劲”（太极拳推手的术语，意思是通过身体感知对方用力的方向、大小、发力源）探测到对方要发力时，后发而先逼到对方身体重心轴上，或者堵住对方发力的根节，让对方没有发劲的距离，传统太极拳推手称打“闷劲”，结果是对方有劲使不出来。例如，遇到对手前推力量很大，猛力推时，在对方还没有发出力时，贴近对方，堵住发力的肩关节，或者控制其肘关节屈曲，使对方没办法发力，就是这种战术，当然战术是与技术密不可分的，也需要一定的身体素质做基础，否则战术方法也无济于事。

（二） “柔乘他力后” 柔化战术

与“刚在他力之前”相对应，“柔乘他力之后”是一种最能体现太极拳推手特点的战术行为，即当受到对方推击时，通过改变力点、方向、重心位置、距离、角度等方法，化解攻击力，充分体现以柔克刚的思想，常常看上去 舍己 ，其实是 人舍 ，因为，柔不是一味的退缩，而是加上防御的退让，所谓 退中有进 ，巧妙利用变化，卸掉攻击力。这种战术，常常让对方发出力，而且让他发过头而失去平衡，再略施力，所谓借力打力。例如，对方猛力推我胸部，我则采用含胸化劲，待对方发力之后，向下按其双臂，则会令对方扑跌。

（三） 刚柔相济的阴阳战术

太极拳原理就是一个阴阳的原理，包括事务两方面之间的相互包含、转化、平衡、消长等一些规律。太极拳推手的具体战术方法，总是以此为依据，无论是攻防、长短、进退、变化等都要体现一种阴阳关系，做到整体、平衡、动态的方法，这是必须遵循的法则，也是各种战术方法的基础。

三、太极拳推手竞赛的组织

（一） 太极拳推手竞赛的组织

竞赛的组织工作主要是：制定竞赛规程，成立竞赛组织机构，落实各项竞赛事宜，组织裁判队伍等。

1. 制定竞赛规程

竞赛规程是整个竞赛工作的依据，是对竞赛组织者和参加者的指导性文件。它是在竞赛前由主办单位根据竞赛的目的和任务而制定的。规程的内容要周全，文字要精练，要便于理解和执行，并提前发至各有关单位及人员。

竞赛规程一般包括下列内容：

竞赛的名称、竞赛的主办单位和承办单位，竞赛日期和地点，参加单位和参加办法，竞赛的性质和办法，竞赛项目，报名与报到，录取名次与奖励办法，裁判员和仲裁委员会的组成。以上各项根据实际情况可以有所增减。

2. 成立组织机构

由主办单位和承办单位及参赛单位、总裁判长、仲裁委员会主任等人员组成竞赛组委会，设主任委员 1 人，副主任委员若干人，委员若干人。

组委会下设秘书处，竞赛处和仲裁委员会等部门。

秘书处主要负责宣传教育，安排各项活动，经费预算，生活管理，医疗卫生，安全保卫，组织观众，开幕式和闭幕式等。可下设宣传组、总务组、接待组、保卫组、医务室等。

竞赛处主要负责裁判员学习，竞赛编排，安排赛前练习，检查准备场地器材，编印秩序册和成绩册等。下设裁判组、编排记录组、场地组、检录组等。

3. 组织裁判队伍

裁判人员的组成。裁判人员一般由主办单位确定。

通常设总裁判长1人，副总裁判长1～3人；每裁判组设裁判长1人，裁判员5～7（含副裁判长、计分员，计时员）；编排记录长1人，编排记录员2～3人：检录长1人，检录员2～3人；报告员1～2人。

（二）竞赛的编排步骤

1. 熟悉竞赛规程

竞赛规程是进行编排的基本依据，要熟悉竞赛日程、日期、办法和参赛人数、级别及有关竞赛规定，以确定编排的基本方案。

2. 审查和统计工作

主要是审查各单位的报名单，如发现与规程不符或不清楚的情况，应及时与有关单位联系，及时解决。在审查的基础上，统计出各队参加比赛的人数（男、女分别统计）和各级别的人数（男、女分别统计），抄写出抽签顺序表和体重称量表。

3. 绘制竞赛日程表

注意非竞赛场次的活动内容及时间不要列入表中，绘制出按竞赛规程所规定的竞赛办法的比赛轮次表，并标明运动员序号以及轮空的位置。

4. 称量体重和抽签

在大会统一安排下称量体重，并详细记录每位参赛运动员的实际体重，把不符合参赛资格的运动员用特别符号记录下来，并在总裁判长监督下进行现场抽签。第一次抽签号码为正式抽签的顺序编号，这样可以更加公正地抽签，确定比赛的对手。

5. 编排对阵轮次表

把各级别的运动员姓名按抽签号码填入各自相对应的对阵轮次表上，并进行复核。当确定无误后，抄写在推手比赛成绩公告栏内，让运动员了解自己的对手和比赛的具体安排。

6. 安排竞赛场次

根据参赛运动员的实际情况和竞赛日程，统筹安排竞赛的各场次出场参赛的对数，确定各级别在什么时间参赛，把编排确定的场数及参赛对数提前张贴，并印发给各参赛队。在竞赛过程中，每一场比赛结束后30分钟内，必须公告下一场参赛运动员对阵表，以免延误比赛。

（三）编排方法

1. 单循环赛

单循环赛，是指所有参加同一级别比赛的运动员都轮流相遇一次，根据动员胜负场次的积分多少来决定名次。

（1）轮次和场次的计算

参加循环赛的运动员都比赛一场（包括轮空）则为“一轮”。计算轮次的方法为：参加比赛的运动员数为偶数时，轮次＝人数－1。如8人参加单循环赛，则轮次为8－1＝7轮。

参加比赛的运动员数为奇数时，轮次＝人数。如7人参加单循环赛，则轮次为7轮。

（2）单循环比赛顺序的编排

用阿拉伯数字等量地将参加比赛的人数分为左右两列。左列由上往下排，右列由下往上排。然后用横线将相对的两个数连接。参赛人数为奇数时，可用 0 占位，与它相对的运动员轮空。从第二轮编排开始，1号位固定不变，其他位数按逆时针方向轮转一个位置，即可排出下一轮的比赛顺序。

轮次表编排之后，按参加比赛的人数，制作与人数相等的签号。抽签之后，将各队抽到的签号在轮次表中找到相应的位置，把运动员的名字填上，即可排出竞赛日程表。

2. 单淘汰赛

运动员按照编排的比赛秩序进行比赛，胜者进入下一轮比赛，败者被淘汰，整个比赛最后一场的胜者为冠军，负者为亚军，这就是单淘汰赛。

（1）单淘汰赛号码位置数的选择

采用单淘汰赛方法时，应根据参加比赛的人数，选择最接近的较大的2的乘方数（即2自乘若干次的积数）作为号码位置数。

（2）单淘汰轮数和场次的计算

计算轮数；单淘汰赛所选用的号码位置（2的乘方），其指数（自乘的次数）即为轮数，2的n次方就是n轮。

计算场次：在单淘汰赛中，每进行一场比赛就淘汰一名运动员，最后剩下的是冠军，所以实际比赛的场数应为参加比赛的人数减去冠军未被淘汰的一场。

计算公式为：场数＝人数－1

附加赛：单淘汰赛确定冠、亚军，其他名次均为并列名次。用附加赛的办法可以排定各个名次。附加赛的方法是每一轮的胜者与胜者、负者与负者之间进行比赛，直到排出所有的名次。

3. 双淘汰赛

运动员按编排的比赛秩序进行比赛，失败两场就被淘汰。而负轮最后一名未被淘汰的运动员和正轮未输过的运动员之间进行一场冠亚军决赛。

（1）号码位置数的选择

与单淘汰赛相同，必须符合2的乘方数。若参加人数不满2的n时，则采用增设轮空导码以补足成2的n数，或采用抢号办法予以解决，使之从第二轮起符合2的n数。

（2）轮数和场次的计算

轮数＝2×n，轮数：2×n＝2×4＝8轮

场数＝2×人数－3＋决赛＝2×人数－2

（3）附加赛

若取前六名则增加1场。

（4）双淘汰赛的编排方法

第一，双淘汰赛是在单淘汰赛的基础上进行编排的。胜者向右排为正轮，负者向左排为负轮。输两场即被淘汰，而正负轮最后一个进行一场冠、亚军决赛。

第二，凡取5、6名，必须在负方最后第三轮增设附加赛。取7、8名，必须在负方最后第四轮增设附加赛。

第三，在排列负轮表格时，要掌握一个基本规律，即负轮中两名负者比赛最后一场后，其胜者再与正轮中负者比赛一场，最后形成区域范围内正轮和负轮各剩下一名运动员。

第四，负轮的排表可采用交叉和不交叉两种表格，但交叉必须在同一轮次里进行，不得轮次相错交叉。

（四）裁判法

场上主裁判员依据规则，用手势和口令指挥运动员进行比赛。比赛是否公正、准确，运动员的技术水平能否正常发挥，与台上裁判员在场上的判定有着密切的关系。通过对运动员比赛时倒地、下台（出圈）、犯规、消极、强制读秒、得分、临场治疗等事宜的处理，使比赛公平、公正、顺利地进行。

场边裁判员协助场上主裁判。记分根据场上裁判员对运动员的不同判罚情况，按照得分标准，及时记录运动员的得分。

思考题

1. 如何理解太极拳八法的实用性？
2. 太极拳推手中还有哪些战术方法？
3. 太极拳推手竞赛新的规则有哪些变化？

参考文献

[1]中国武术散手编写组．中国散手[M]．北京：人民体育出版社，1990：328－332.
[2]田麦久，刘大庆．运动训练学[M]．北京：人民体育出版社，2012：234，237.
[3]中国武术协会．武术太极拳推手竞赛规则[M]．北京：人民体育出版社，1994.
[4]中国武术协会．武术散打竞赛规则（第2版）[M]．北京：人民体育出版社，1998.

第六章　太极拳推手教学

本章提要

1. 太极拳推手要遵循一般体育教学原则。
2. 太极拳推手也要形成自身特色的教学体系。
3. 探究太极拳推手的有效教学手段。

第一节　太极拳推手教学概述

太极拳推手长期以来以口传身授、师传徒继的教学为主，由于太极拳推手拳理精妙，拳技精深，受教学方法的影响，使许多独到的技术难以很好继承，即“太极非传者有极精密之教，有极深细之研究，不能得也。”本章从课堂教学出发，结合现代体育教学方法讲解太极拳推手教学方法。

太极拳推手教学和其他体育项目教学一样，既有体育的特点又有教学的性质。因此，太极拳推手教学必须以教育学和体育理论为指导，遵循运动技能的形成规律和人体技能活动变化的规律。太极拳推手教学除具有体育教学的共同特点，即有目的、有计划地向学生传授各种技术技能，使学生通过身体的反复练习，并与思维活动相结合，除了掌握这些技能外，在教学实践中还逐渐形成了自己的教学特点，适合本项目特点的教学阶段与步骤及独特的教学方法与手段等。

一、太极拳推手教学原则

太极拳推手运动独特，只有了解太极拳推手的基本原则，遵循太极拳推手教学的独特规律，才能不断提高教学质量。

（一）课堂教学遵循的原则

太极拳推手教学课应遵循“练习为主，讲解为辅；学生为主，教师为辅”的课堂原则。推手的技术含量较高，在学生缺乏体验的情况下，教师过多地讲解会使学生困惑，不如选择简单的动作组织学生练习。无论是个人练习，还是双人练习，学生的体验都是最重要的。推手需要内劲，许多动作外形没有很大变化，结果却有很大差别。个人练习不仅要学习动作方法，更要体验内劲，教师应在学生的练习过程中用最清晰、最简练的口头语言或身体语言引导学生感知内劲的存在。内劲的感知能够很快地引导学生集中注意力，并获得宁静、充实、满足的快乐感。双人练习时，教师要引导学生感知推手技巧，让学生在对抗中寻找老师给予的指示，发现成功的诀窍，逐步建立并稳定推手技术。

虽然推手技术短期内难以掌握，但推手的方法可以学会，推手的概念可以建立，推手的过程可以充满乐趣。教师的职能重在引导，而不是传授。当方法与概念交给学生后，教师要善于发现学生的闪光点，不失时机地给予强化。点评是一种很好的方法，在练习的过程中暂停下来进行技术指导，或让学生互相观察、讨论，既强化了技术，又能引发学生的学习兴趣。这样的教学表面上看起来教师显得很清闲，其实一切都在教师的掌控中，都是教师精心营造的教学环境的结果。

（二）速建框架原则

要上好推手课，首先要做的是根据课时、学生的基础等具体情况，做好对教学大纲的安排。精选教学内容，制定合适的教学计划，在当前的推手课堂教学中还是需要教师的精心安排，教师在这方面应做好充分的工作准备。在制定推手教学计划时，推手的技术系统教学要相对集中在教学的早期阶段，在执行教学计划时，还要根据教学的具体情况适当调整，要让学生在尽可能短的时间内建立起推手的技术框架。

在推手教学初期，学生的个体差异不是很大，学习进度基本一致，在技术的掌握过程中，会明显的出现特异性的技术分化。这是非常有趣的事，由于学生的先天气质的差异，会对某些技术比较敏感，优先学会这些技术。在化、引、拿、发的四大类技术中，其重要性是相等的，不过优先掌握某些技术是客观存在的，教师不可过于强调技术教学的一致性，强求教学进步程度的统一标准。先把框架给学生，是让学生对推手技术有一个整体概念，让学生迅速地投入到技术的感知与体悟之中。

（三）逐步细化原则

整个过程包含四个步骤，需要经过各自独立的专门的训练，并经过对抗实践的整合，达到融会贯通，才能在运用中一气呵成。这种独立的训练可以专门设计，在上述介绍过的练习方法中进行分解、突出、强化训练，这样可以保证练习方法的简单化，技术运用的一致性。还可以把一个看似简单的练习变得丰富多彩，趣味盎然。

以盘手练习为例，可以在盘手过程中突出身体的各种转化方法来训练引化技术，突出整劲进逼来训练点问技术，以拔跟、空跟的方法来训练拿控技术，以弹透打跳的方法来训练发放技术。这种突出某一部分的强化训练正是技术的细化过程，也是技术的丰富过程，教师要善于引导学生练习，使学生在练习中学会方法、掌握技巧、形成技术。在推手的细化技术教学过程中，教师依然要从最简洁的方法开始，从有规律性的技术入手，让学生在短时间内获得部分技术，有一些看得见的效果和体验，然后，在这些效果和体验的基础上进一步提高。

推手教学的细化过程是一个多循环的过程，不要指望一个周期的教学学生就能学会推手，而要根据教学时数划分 3 到 4 个周期以上。

周期是指化、引、拿、发技术的一个教学过程，多周期就是这个教学过程的多次循环。每一个教学周期中，教师要有目的地引导部分推手技术的形成，并且后一个周期要与前一个周期有效衔接，以推进技术的深层次发展。总之，推手技术的形成非短期成果，除了学会方法与技巧外，还要看对手的水平、自身的功力等等，是一个综合因素，这是推手教学的困难之处，不过，周期式的教学方法可以降低推手学习的难度，保证推手教学的顺利进行。

二、太极拳推手教学阶段

教学过程是学生在教师的组织和指导下，通过教学活动掌握知识、技术和技能的过程。由于竞技太极拳推手的激烈对抗性，决定了太极拳推手教学必须从实战出发，使初学者在反复实践中掌握和提高技能。根据由易到难、由浅到深、循序渐进原则、推手的内在联系以及学生掌握动作的规律，太极拳推手教学可分为三个阶段：

（一） 初步建形阶段 （泛化阶段）

这一阶段的主要任务是使学生对动作有初步的了解，取得感性知识，粗略地掌握动作。对一项新的技术内容，通过教师的示范、讲解等，先形成一个粗略的感念，并在教师的指导下进行练习，初步形成有关动作的表象。

在这一阶段，学生大脑皮层的联系处于泛化阶段，学生尚未形成完整的动力定型，动作表现紧张不协调，内容出现多余动作等。因此，教师在教学过程中不应过多地强调动作细节，应抓住动作的主要环节和学生在掌握动作中出现的主要问题进行教学。讲解要简练，示范要正确，要从不同部位、不同方向，让学生看清动作的起止路线、动作力点、击打部位等，达到初步掌握动作的目的。

（二） 配合运用阶段 （分化阶段）

这一阶段的教学任务主要是使学生巩固正确的动作，提高动作的协调性和质量，并在教师的指导下，通过二人在有一定条件的限制下进行配合练习，不断提高对技术动作的运用能力，包括对时机、距离、空间的判断能力、应变能力等，逐步培养进攻、防守和反击的实战意义。

在不断的练习过程中，使初学者对运动技能的内在规律有了初步的了解，一些不协调和多余的动作也逐渐消除。这是大脑皮层的条件由泛化进入了分化阶段，大部分错误动作得到纠正，能比较顺利地、连贯地完成动作，初步建立了正确的动作定型。但定型尚不巩固，遇到新异刺激，多余动作和错误动作可能重新出现。因此，教师在教学中应抓住学生存在的主要问题，反复强调、反复练习。对错误动作的纠正，可采取对照和综合分析的方法，帮助学生体会动作细节，促进分化抑制的进一步发展，使动作日趋准确，并结合技术分析，提高对动作技术的理性认识。

（三） 实战提高阶段 （巩固和自动化阶段）

通过进一步的反复练习，已经建立的条件反射不断巩固，建立了良好的动力定型，大脑皮层的兴奋和抑制在时间和空间上更加集中和精确。此时不仅动作准确、熟练，有较好的协调性、连贯性，而且随着运动技能的巩固和发展，暂时联系达到非常巩固的程度后，动作可出现自动化现象。这对于太极拳推手技能的提高是非常重要的。赛场是瞬息万变的，动作的自动化可使第二信号系统的活动摆脱第一信号系统的束缚，专注于战略、战术的变化，及时捕捉战机。

这一阶段主要是通过各种条件实战和实战的形式，进一步提高动作的稳定性和自动化程度，提高动作运用的时效性，以培养学生在各种条件下运用动作的应变能力。在教学中教师可根据不同的教学意图和目的，有针对性地采用不同的个体配对实战，如按不同的体重级别、不同的技术状况进行配对，使学生尽快熟练技术并不断提高质量。

值得注意的是，在动力定型达到一定程度后，仍要继续强化练习，使动力定型更加巩固，否则巩固了的动力定型还会消退。在此过程中，教师应对学生提出更高层次的要求，加深理性认识，对动作要精益求精。

在太极拳推手教学中，运动技能的形成过程并不是截然分开的，而是逐渐过渡的，各种过程的出现和持续时间的长短，受许多因素的影响，既与教学方法、训练水平有关，又与学生学习的积极性和目的性有密切关系。教师要善于在学生掌握动作技能形成的不同阶段，选择并采取有针对性的教学和练习手段，促使运动技能尽早形成。

第二节　太极拳推手教学方法

一、一般教学方法

（一）多媒体教学法

随着时代的发展，获得太极拳及太极拳推手资源的途径丰富多彩，可通过录像、光盘、计算机等多媒体技术手段，使人们可以足不出户找到太极拳及太极拳推手的视频、资料。组织学生观看太极拳及太极拳推手的比赛或训练录像，可以激发学生的学习热情。多媒体教学有助于提高学生分析问题、解决问题的能力。在视频观摩过程中，可以对相关动作提出分析和思考，引发学生讨论从而可以提高学生分析问题、解决问题的能力；也能促进学生把握时机的能力。更重要的是他们在不知不觉中易被激烈的、精彩的实战场面所感动，使其练习兴趣大增，学习热情自然就得到提高。

（二）讲解示范法

通过对每一推手动作进行技术讲解和示范，使学生全面了解该动作。由于推手基本技术动作简单，但内在的劲力变化多，故需多讲解。对于运动轨迹、劲力方向及大小的变化、身体各部位的协调配合等，都要讲解透彻明了。在讲解的同时，可进行相应示范面的示范。

（三）分解教学法

分解教学法是从掌握完整动作出发，把完整的动作按其技术结构分成几段或按身体的活动部分分成几部分进行的教学和练习，最后达到完整地掌握动作方法的目的。分解教学法适用于动作较复杂而又可分解，但用完整法又不易掌握的动作或动作的某部分需要较细致地学习时采用。对分解教学法的要求是：

1. 划分动作的段落或部分时要易于连接完成。划分动作要遵从人体的运动规律、动作的结构特征，使动作易于衔接和连贯。

2. 在进行动作划分时，要对学生讲明各个段落或部分的动作要点，以及它们之间的相互关系。

3. 尽快与完整法结合使用，在太极拳推手教学中不宜将动作分解得过于破碎或较长时间地进行分解练习，当学生通过分解练习初步掌握动作后，就应尽快向完整动作过度，否则不利于动作的连贯性。分解教学法常与完整教学有机地结合起来使用。

（四） 完整教学法

完整教学法是从动作开始到结束，不分部分和段落，完整而连续地进行教学和练习的方法。完整教学法的优点是能保持动作结构的完整性，易于形成动作技术的整体概念和动作间的联系。其缺点是对难度较大的动作不易较快地掌握好动作中较难的环节和要素。一般来说，较简单的容易掌握的动作和不易分解的动作可多采用完整教学法。另外，对于基础较好的学生采用这种方法较多。运用完整教学法的要求是：

1. 突出教学重点

进行完整教学时，要做到重点突出，科学地把握好动作的快慢与速率。

2. 适度降低动作质量

学生在初学时往往不易高质量地完成动作，这时可适当降低要求，待他们有了一定的基础后再逐渐提高质量要求，以利于学生早日建立对动作的条件反射。

3. 结合分解练习法

对于复杂的动作常常先进行分解练习，待学生对动作的各个要素比较熟练时，再将它们组合在一起进行完整练习。

二、特色教学方法

（一） 模拟实战教学法

根据学生的实际情况，有针对性地模拟实战中所表现得技、战术状况及场景气氛等，以不断提高学生对技术在实战中的运动能力，并且不断提高心理的承受能力。其主要内容有模拟主动进攻的技术、战术，模拟防守的技术、战术，模拟防守反击的技术、战术，模拟各种不同类型推法的具体的技术、战术，模拟比赛的场景气氛等。模拟教学要求：1. 模拟要有针对性。模拟时要根据教学的目地和动作的要求，有针对性地进行练习。2. 模拟要逼真。

（二） 帮助体验法

当学生不能正确地掌握动作时，教师可通过两手帮助学生，使其能正确地完成动作。如通过扶住学生的腰部，控制学生腰的旋转时机和转动幅度；而学生则通过肌体的触觉，感觉肌力的作用，从而改进动作。另外，太极拳推手的劲力变化也可通过此法，使学生更好地掌握。教师通过与学生配对练习，帮助学生纠正错误，并变化不同的劲力、线路，使学生深刻体会推手动作内在的细微变化。

（三） 交换练习法

太极拳推手讲究的是听劲、化劲、发劲。为更好掌握“听劲”，熟悉不同人的劲力，增强肌肉的触觉和提高动作熟练程度，可进行交换练习，即交叉练习、换位练习、交叉换位练习等。

（四） 预防和纠正错误动作法

预防和纠正错误动作法是教师为了防止和纠正学生在练习中出现的错误而采用的方法。在太极拳推手教学中，错误动作的出现是不可避免的。但是，一旦让错误动作形成动力定型就可能要付出更多的精力去纠正。因此，及时对错误动作进行预防和纠正是至关重要的。

1. 预防和纠正错误，首先分析产生错误的原因，然后根据错误的主要原因，选用合适的方法予以预防和纠正。一般来说，在太极拳推手教学中产生错误动作的主要原因是：

（1）对技术的正确概念尚未清楚。

（2）身体素质较差，协调性不好。

（3）学生的心理承受能力差。

（4）组织教法不当。

（5）其他原因，如学生在疲劳的情况下进行练习、环境的干扰等都可能导致错误动作的发生。

2. 要根据错误产生的原因，分别采用相适应的方法进行纠正：

（1）提高动作的示范与讲解的质量，使学生较准确地建立正确的动作概念，明确完成动作的顺序、要领和要求，明确动作的关键，建立清晰的动作表现。要善于利用各种诱导性练习、转移性练习和启发性的语言来预防和纠正错误的动作。

（2）根据学生的实际情况，可适当降低对动作的要求，进行一些专项素质练习，选择辅助性的练习手段进行过渡性练习等。

（3）进行对抗练习或难度较大的练习时，学生可能会因有惧怕心理而产生紧张情绪，为此教师要积极进行诱导，降低对抗的节奏和难度，采用各种辅助练习等消除学生的惧怕心理。

（4）根据动作技能的形成规律，认真钻研教材教法，合理安排教学过程，同时全面细致地了解学生，提高学生的自控能力，克服不良因素的影响。

3. 预防和纠正错误动作法的要求是：

（1）首先抓住主要矛盾，纠正主要错误动作。

（2）纠正错误动作要讲明其中的道理，循循善诱。

（3）一旦形成正确的动作表现后要及时进行强化训练，以便巩固动力定型。

思考题

1. 请从实践中认真体悟太极拳推手的本质特点，进一步总结特色教学法。
2. 结合太极拳推手的一个动作设计一个教学方案。
3. 请你思考传统太极拳推手教学与学校教学的异同点。

参考文献

[1]中国武术教程(下册)[M]. 北京:人民体育出版社,2004,1.
[2]沈寿. 太极拳推手问答[M]. 北京:人民体育出版社,2005,1.
[3]王凤鸣. 太极拳推手技击传真[M]. 北京:人民体育出版社,2005,1.

第七章　太极拳推手训练

本章提要

1. 太极拳推手训练原则：柔化刚发，体用统一，练养结合。
2. 太极拳推手的训练一般分为功法、拳法、推手三个阶段。
3. 太极拳推手由一般训练方法和传统特色训练方法组成。

第一节　太极拳推手训练概述

当你惊叹太极拳高手发人丈外，甚至是“打人如挂画”的功夫时，要知道，这可是千锤百炼的结果，拳是练出来的。武术谚语称“拳打千遍，其理自现”，太极拳有太极十年不出门的说法，核心就是一个字“练”。那么，怎么练？“理通拳法精”，知晓原则，掌握方法，持之以恒，一定会功夫不负有心人！

一、太极拳推手的训练原则

原则是言行所依据的准则或规范。太极拳推手训练的原则是根据太极拳推手的运动原理、特点和运动训练基本理论确立的。

（一）太极原理与柔化刚发原则

这是太极拳推手训练的总的指导性原则。以《太极拳论》为代表的太极拳理论，首先，揭示了太极拳推手应该遵循“人刚我柔”“以柔克刚”“随屈就伸”等阴阳统一原理；其次，在技术表现上，应该区别于摔跤、相扑等项目“摔”“推”的特点。因此，在太极拳推手训练中就一定要把握好太极拳的本质特点，发挥出太极拳推手将人发放跌出的技术特色。

总之，要不断深入探讨太极拳推手技术本质，确保太极拳推手技术发展的正确方向，训练出真正意义的具有独特技术特征的太极拳推手技术。

（二）统一原理与体用统一原则

这是太极拳推手训练内容的原则要求。太极拳理根于太极阴阳原理，其核心是阴与阳的统一，是整体思维的体现，表现在运动形式上有套路与推手以及功法三者之间的统一，通常人们把套路练习称为体，推手练习叫做用，体用之间又由功法连接，构成一种含三为一的内容结构体系，就像黑白阴阳鱼旋转动态下变成灰色的统一，从现代运动训练的项群理论看，似乎太极拳套路练习与推手竞技分属不同的项群，但是，在传统太极拳理论和整体思维下的太极拳推手训练应该追求太极拳套路、功法、推手三者体用统一的训练准则。

（三）适应恢复原理与练养结合原则

这是太极拳推手训练负荷安排原理。训练的过程实际是人体不断适应负荷刺激，在一定恢复前提下再不断适应新的刺激过程。恢复过程呈现四个阶段，即部分恢复→完全恢复→超量恢复→累积恢复。所谓超量恢复，是在训练结束后的某一时段内能量补偿逾越原有水平的现象。所谓累积恢复，是指超量恢复效应维持一个时段之后并不完全退回到原初状态而会长期保留在一定的超出水平上的现象，这正是训练恢复现象的规律性。恢复的过程我们称做养，适应过程是练，养是练的基础，练是养的提高。因此，练养结合原则是太极拳推手训练确立负荷指标的基本要求。

二、太极拳推手的训练阶段

教学与训练不可分割，但是，又各有侧重，我们从完整的太极拳系内容体系划分，太极拳推手的训练一般分为：

（一）功法训练阶段

包括必要的一般性基本功，如柔功、腿功、腰功等素质类练习，以及特殊功法，如太极站桩功、八法劲力功等。这个阶段主要是为练习太极拳推手打基础，即从心理方面和生理方面做准备。通常由各种桩功开始，通过具体的练习内容，获得必要的身心能力，为今后的练习打好基础。

（二）拳法训练阶段

这里的拳法含义是指包括徒手、器械两类套路，以及典型拳势练习。一般要先从练徒手单个拳势入手，进一步练习拳势组合、套路。作为补充徒手练习不足，可以在徒手训练后练习器械的拳势、套路。这个阶段目前已成为习练太极拳的主体内容。许多拳家都认为盘架子（练套路）十分重要，这本身就是基本功，就是桩功（活桩），拳论也称“走架（练套路）就是打手（实战）”，这将是练习推手的重要基础。

（三）推手训练阶段

这个阶段也可以叫做用法阶段，因为，这个阶段突出双人的练习，用来检查拳势练习的正确与否，练习太极拳劲法，掌握“知彼”功夫，实现太极拳“用”的功能。

传统的推手训练阶段一般分为三个程序。首先，是从定步单推手、双推手开始，主要推手方法有平圆、立圆、八字折叠等方法，特别是四正手是重要的练习方法，主要练习掤、捋、挤、按劲法。有的拳师叫“开四门”，在推手训练中意义重大，今后训练都是以此为基础。其次，进一步练习活步推手，其手法变化基本与定步推手方法相同。但是，增加了脚步的移动，形式多样，有进三步退三步，进三步退二步，九宫步、七星步等。最为主要的有活步大捋，也称四隅手，主要练习采、挒、肘、靠。最后，进入自由的散推阶段。

现代竞技推手训练中，更加重视比赛中实用技术训练，常常突出实用技术的专门训练，对传统太极拳推手的训练程序并没有严格遵循，重视不够，练习不足，值得从太极拳推手本质特点和竞赛需求两方面反思与实践，寻求更具有太极拳特色的推手训练体系。

以上各个阶段是从太极拳完整技术体系上划分的三个阶段，事实上如果只是满足某一个功能需要，也可以将以上三个阶段独立练习，或者选取部分内容交叉练习，但是三个阶段最终不能完全割离开，现实功法、拳法、用法的统一，完整表达太极拳技术体系。

第二节 太极拳推手训练方法

太极拳推手训练方法是为了提高太极拳推手技术水平，完成练习任务和目的的途径和办法。构成太极拳推手训练方法的要素有练习动作及其组合方式、运动负荷及其变化方式、过程安排、外部条件等要素。

太极拳推手训练方法，从运动训练方法角度看，许多运动训练方法具有广泛的适应性，如重复、变化训练等，这些同样适应太极拳推手训练。但是太极拳也有自身独特的方法，这里我们具体介绍一些方法。

一、一般练习方法

依据训练负荷与间歇的关系，一般常用的训练方法有：

（一）连续练习法

连续练习法是指在练习过程中不间断地完成整个练习的方法。其主要特点是在练习过程中保持相对稳定的负荷强度。太极拳推手中的“站桩”练习和柔韧性练习，多采用连续法。如站桩练习通常固定姿态，保持 5 ~ 20 分钟连续练习。

（二）间断练习法

间断练习法主要包括重复练习法和间歇练习法。

1. 重复练习法

重复练习法的特征在于对某一练习的内容本身进行重复，而各次重复之间的间歇，原则上是应当保障在下一重复开始前机体工作能力基本恢复到初始状态的水平。如练习掤发，重复 10 次，间歇 3 ~ 5 分钟，当脉搏恢复到安静状态时，再开始下一组练习，重复 8 组。

2. 间歇练习法

间歇练习法是重复某一练习时，强调对各次重复间的间歇进行控制，使运动员机体的工作能力在未完全恢复的状态下开始下一次重复。间歇练习法主要用于完善技术动作，为了提高动作技能的稳定性、应变性和发展专项耐力。

在具体使用间歇练习法时，有三种方案：第一种方案是间歇时间固定不变，第二种方案是间歇时间逐步递减，第三种方案是间歇时间逐步递增；这三种方案不仅针对解决不同的训练任务，而且根据不同的对象、不同的训练年限、不同的训练水平，应合理地从中选择一个方案。在使用间歇练习法时，合理选择单组练习中的负荷量和负荷强度同样十分重要。如根据竞赛推手比赛每局时间，采取间歇训练。

（三） 循环练习法（或称循环训练法）

循环练习法是建立若干个练习 站 ，运动员按照规定的顺序和路线，依次完成各个“站”上的练习，周而复始地进行训练的方法。

决定循环练习法训练作用的因素，包括每“站”的练习内容，每“站”练习的持续时间或重复次数，每“站”练习的强度，“站”与“站”之间和每个循环间歇的时间，以及“站”的数量和完成循环的次数。

循环练习法既可以是无间歇的，也可以是有间歇的，循环练习可以用于发展各种类型的耐力，以及其他能力。各“站”练习法的内容应是运动员已基本掌握的，练习内容的顺序应根据对各器官系统和工作部位肌群的不同要求而交替安排，练习“站”的数量一般以 8～10 个为宜。

例如，将太极拳推手八法设立 8 个站，按推手比赛每局时间，分别有一人完成 8 种技法应用练习。循环练习法保障了练习内容的多样性，能提高运动员的练习情绪和积极性，适用于不同层次和水平的对象。

二、特色练习方法

根据太极拳推手技术特点以及传统太极拳训练经验积累，太极拳推手还有一些特色练习方法和手段。

（一） 桩功静耗法

桩功静耗法是太极拳传统训练法之一，指保持一定身体形态的外静，肢体相对没有位移，关节角度不变，但是，内在看不见的肌肉在意识调控下是有“紧松”内动的一种独特训练方法。武谚中讲“未曾习拳，先站桩”，各种“站桩”，就是此法。

（二） 意念默想法

传统太极拳称为“默功”，是一种通过意念活动，重视大脑获得的动作感觉和知觉，进一步强化太极拳推手技术的练习方法。早在《太极拳经》中就有“默识揣摹”的要求，其实此法是一种心理训练方法，相当现代心理训练的“念动”法。具体默想的内容很多，可以是某一个招式的做法，也可以是劲力节节贯传的过程，或者假象推拨大树的意象训练。

（三） 肢体柔化法

太极拳推手追求“以柔克刚”的技术，因此，柔化训练方法非常有效，即练习者保持身体稳定，另一人按照身体部位推揉练习者，练习者只能通过放松、转动、折叠等方法化解推力的练习方法。开始练习时从肩、胸、胯、腿等部位逐渐增加练习部位，也可以随机推多个部位，增加练习难度。

（四）配合喂劲法

太极拳推手很讲究劲法，可是，一般情况下很难掌握一些劲法，因此，需要在固定条件下，如一方只用直力推练习者，不改变用力方向，创造条件给练习者使月技法的条件，诱导练习者练习技法，就像喂小孩吃饭一样，把饭送到小孩嘴里，称之喂劲练习。

（五）快速发劲法

由于太极拳套路运动以及一般四正手的推手练习速度向来较为缓慢，容易造成一种错觉，认为太极拳推手只是柔和缓慢的练习。其实，真正实战性质的推手非常需要“发劲”。因此，要通过快速发劲练习，即选取某个技术动作采取连续快速弹动的蓄发练习，传统太极拳叫做“劲功”练习。

第三节　太极拳推手基本功练习

一、主要桩功

根据太极拳推手八法的技术核心，这里介绍八法桩功练习方法。

（一）掤桩练习

1. 抱收丹田

下抱丹田势，两掌同时向丹田收拢，掌心对关元穴，距身体约一横拳距离，由下向上升至膻中处，再向前弧行撑出，掌心始终对身体，两臂成圆形，目视前方，但是，还要顾及两臂即不远视也不专注两掌。

2. 抱球前掤

保持两臂圆形不变，由体前自然下落至丹田处，向上升至膻中处，再向前弧行撑出，重复图 7－1～图 7－5 动作。图 7－6 为手臂在胸前运行轨迹图。

图7－1　抱收丹田

图7－1　抱收丹田（侧面）

图7－2　抱球前掤

图7－2　抱球前掤（侧面）

图7－3　胸前抱球

图7－4　胸前回收

图7－5　下沉腹前

图7－5　下沉腹前（侧面）

图7－6　伏羲八卦（先天八卦）

要 点： 手臂始终保持一定的张力，脚下有蹬地内劲、背有后撑的用意。

技击作用：这个动作主练由内向外的掤劲，掤是在关节角度、肌肉用力、意识贯注协同作用下形成的身体间架（太极拳身型），而产生的一种由身体中心向四肢发放，支撑八面的身体张力，像充满气的气球受到压力而产生的弹力，又似手按水中浮漂的反作用力，传统拳论又解释为“如水负舟”“全身弹簧力”。掤是太极拳劲法总纲，其他劲法皆以此为基础。当对方按我双臂欲推发我时，即可下引使对方落空，随即向上掤发对方，使其仰身跌出。在杨式太极拳套路中的揽雀尾的掤用到此功夫。

（二） 捋桩练习

1. 两臂横开

接上动，从中丹田抱球桩开始，当两臂掤于胸前，保持两臂圆形掌心相对，两臂同时分别向两侧横行展开至体两侧，由肩关节带动肘、腕向身体中心线回缩，旋肩转臂，五指自然拈拢成勾型，然后再由手指带动手臂向外伸肩，翻转至五指松开变掌，掌心向下，缩肩通臂，目视前方。（图 7－9）

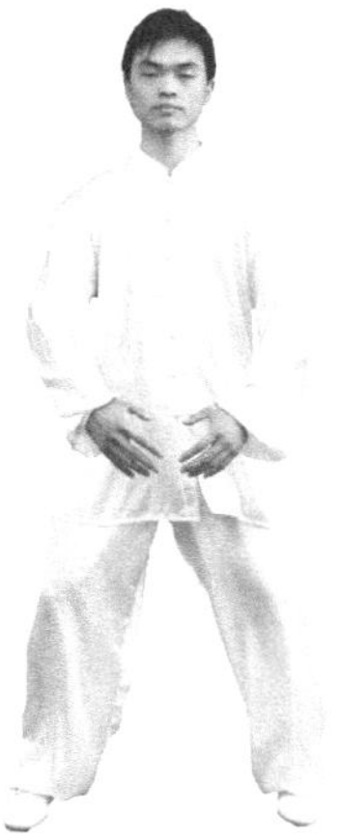

图 7－7 抱收丹田

图 7－8 抱球前掤

图 7－9 双臂横开

2. 合臂下捋

接上动，旋肩边翻转掌心向斜下方，边两臂向前合臂于体前手腕与下耳垂平，再向前胸、腹弧形回抹，掌心斜相对，合于下丹田前，目视前方。（图 7－10～图 7－12）

图7－10　伸臂展掌

图7－11　松身落手

图7－12　合臂下捋

3. 提手举臂

接上动，两掌由腹前，经过两肋，向两侧提与肩平，掌心向下，目视前方。（图7－10～图7－12）

重复动作。接着做图7－10到图7－12循环练习。

要　点：动作1两臂开展如一字型，使肩胛参与旋转和收防，两臂向左右尽力远伸，叫做“通背劲”，用手摸肩，可以摸到肩窝变大。两手的斜向回捋使用身体带动，节节贯通，两手臂运行路线斜弧形成斜圆。

技击作用：主要练习由外向内的捋劲，是在掤劲基础上，当受到攻击力时，顺其力向通过旋转改变力点和力向，由外向内，向侧变化的劲力。形象比喻如车轴左右旋转作用，又似以手按压转动的车轮，沿切线滑出。当对方推按或直线攻击我时我顺势一只手接对方手腕，另一只手接其肘关节，控制对方手臂向斜下方捋发，令其倾倒，在套路练习中的揽雀尾动作用到此功夫。

（三）挤桩练习

1. 扒掌后抱

接下抱球动，下肢不变，两掌向两侧、向后如同扒水，划弧至身后，两掌心相对，与命门相对，目视前方。（图7－13～图7－15）

图7－13　抱收丹田（正面）

图7－13　抱收丹田（背面）

图7－13　抱收丹田（侧面）

图7－14　两臂侧分（正面）

图7－14　两臂侧分（背面）

图7－14　两臂侧分（侧面）

图7－15　扒掌后抱

图7－15　扒掌后抱（后面）

图7－15　扒掌后抱（侧面）

2. 提掌前伸

接上动，两掌由身后边上提边两掌经腋下，旋腕、合掌、合力向胸前插出，至体前合掌，目视前方。（图 7－16～图 7－19）

图 7－16　掌对命门（正面）

图 7－16　掌对命门（背面）

图 7－16　掌对命门（侧面）

图 7－17　腋下收掌（正面）

图 7－17　腋下收掌（背面）

图 7－17　腋下收掌（侧面）

图 7－18　胸前合掌（正面）

图 7－18　胸前合掌（背面）

图 7－18　胸前合掌（侧面）

图 7－19　合掌前挤（正面）

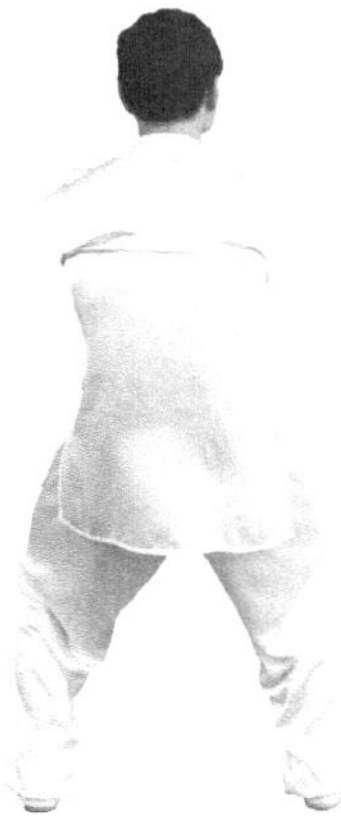

图 7－19　合掌前挤（背面）

图 7－19　合掌前挤（侧面）

3. 分掌落臂

两掌由合十状，由体前边下落，边左右分开至身后命门处，重复循环练习，目视前方。（图 7－20～图 7－22）

图7－20　合掌前挤定势

图7－21　两臂侧分

图7－22　扒掌后抱

要　点：两掌合力要有穿透对方三个身厚度的意思，胸含、背开、脚蹬周身一家穿挤。

技击作用：此动主要练习挤，挤是在掤劲基础上，合力向某一点运劲穿透的劲力。如同生活中两手指合力挤牙膏，又像压面机挤压面条。当对方推扑我身体中线时，我合力直指对方重心，可以摧动对手。此动所练的功夫，在太极拳套路中常常是一手附着一臂内侧合力外推的动作，如揽雀尾的挤。

（四）按桩练习

1. 托天七星

接上动，回到下丹田抱球，下肢不变，两掌由腹前向下经过身体两侧由下向上，侧举于头顶上方，手心对天，两臂呈弧形，目视前方。（图7－23～图7－25）

图7－23　抱收丹田

图7－24　旋臂分掌

图7－25　七星托掌

2. 沉气按掌

接上动，两掌由头顶上方回收头顶上方，再沿身体中线向下按落于腹前，目视前方。（图 7－26～图 7－28）如果练习者有较好的身体素质，此动作可以屈膝按到大腿屈蹲水平位置，此时两掌虎口相对，目视两掌中间。

如此循环练习。见图 7－29～图 7－31 再重复练习。

图 7－26　伸臂对掌

图 7－27　落臂下按

图 7－28　下按腹前

图 7－29　抱收丹田

图 7－30　旋臂分掌

图 7－31　七星托掌

要　点：两掌向上掌心好像贴着天空，两掌下按配合呼气，劲贯掌心。

技击作用：本动作主要练习按劲。按是在掤劲基础上，周身合力压迫封阻对方攻击力的劲力。有　刚在他力之前　打　闷劲　的意味，不是蛮力对顶，常常是由上向下、向前折叠按击，犹如大海波浪拍打之势。按既是化解对方进攻的防守方法，又是推发对手的进攻方法。在套路动作中，揽雀尾中专门有按，用到此功力，其他的下势动作也用到按功。

（五） 采桩练习

1. 探臂伸肩

接下丹田抱球，两掌由腹前向上，中指领先，经过两肋侧、腋下，弧形举于头顶斜上方，两臂保持弧形，目视前方。（图 7－32～图 7－36）

图 7－32　抱收丹田（正面）

图 7－32　抱收丹田（侧面）

图 7－33　屈膝下蹲（正面）

图 7－33　屈膝下蹲（侧面）

图7－34 起身提手（正面）

图7－34 起身提手（侧面）

图7－35 肩前提手前（正面）

图7－35 肩前提手（侧面）

图7－36 弹指开掌（正面）

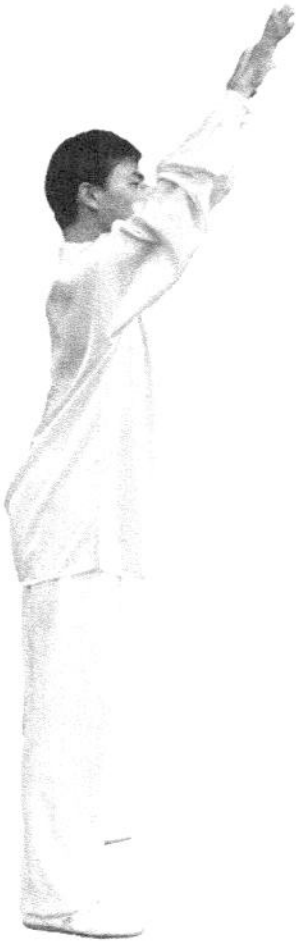
图7－36 弹指开掌（侧面）

2. 蹲身下采

两腿屈膝下蹲，身体下沉，两掌由上向下沉落于膝关节以下，经大腿外侧，上提虚握拳至腋下，然后，变掌再向身前、头顶斜上方伸出，下采。循环练习。（图7－37～图7－40）

图7－37　沉身落手（正面）

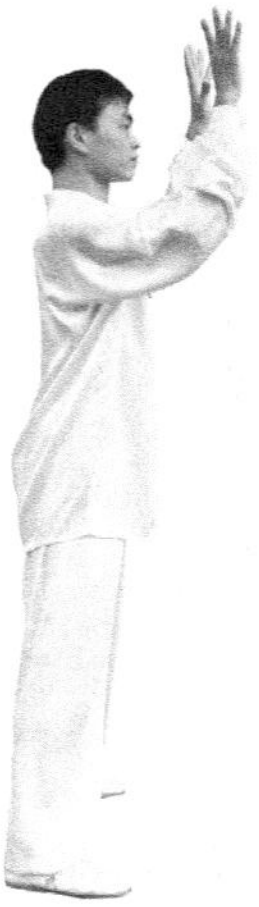

图7－37　沉身落手（侧面）

图7－38　屈膝握爪（正面）

图7－38　屈膝握爪（侧面）

图7－39　屈膝采抓（正面）

图7－39　屈膝采抓（侧面）

图7－40　起身提手（正面）

图7－40　起身提手（侧面）

要　点：向下采时屈膝，松胯，身体全部下沉带动手臂以及两掌，两掌有抓握的劲力，上提握拳与前伸抓采，前后运动形成一个圆。

技击作用：这是主要练习采劲，采是在掤劲基础上，由上、外向内、下回收顿挫的劲力。形象比喻像采果摘桃，实际的采摘时，我们都会选择时机和成熟的果子采摘，其实拳术中同理，判断对方力点所在，向其虚处采引，令其失去平衡。当对方抓握我手腕或直线攻击我时，可以突然下采，闪出空位令对方前栽跌到。常常与其他动作配合应用，在套路中海底针等动作用到这个功夫。

（六）捌桩练习

双臂反圆

接下丹田抱球，左手由腹前向身体外侧向上、向胸前，划圆圈至胸前膻中穴处，右手同时向上、向外、向下，再向胸前划圆，左掌心向下，右掌心向上，两掌形成对错的劲，如此反复练习。（图 7 – 41 ~ 图 7 – 49）

也可以换向，即右手顺转，左手逆转。

图 7 – 41　抱收丹田

图 7 – 42　腹前翻掌

图 7 – 43　右上左下

图 7 – 44　旋臂翻掌

图 7 – 45　上下对开

图 7 – 46　右下左上

图7－47　两掌对吸

图7－48　两掌对合

图7－49　腹前合手

要　点：两掌一上一下，形成相对的错劲，在转圈中手臂本身也在自旋转动。

技击作用：这个动作主要是挒劲训练，挒是在掤劲基础上，顺对方攻击力力向顺引而复折使对方旋转失去平衡的劲力。生活中像脚踩西瓜皮滑而略反应似乎想维持平衡结果还是摔到的感觉。像旋涡卷物，似旋转抛物。当对方推击我胸部，我一手顺势下按，另一手挑其臂，转身将对方挒出。在套路中搂膝拗步有此劲力含义。

（七）肘桩练习

1. 横肘立转

接中丹田抱球，两臂保持抱球的圆臂状态，下技不动位，身体以腰为轴向左转约90度，当右肘尖向前时，以右肘尖为力点向身后的体中线位置上，经过头顶上方划圆，同时右臂内旋，左臂外旋，两掌心相对，左肘尖正对前方，目视身后。（图7－50～图7－55）

图7－50　胸前合手

图7－51　合手左转

图7－52　柔球转掌

图7－53　起肘合手

图7－54　立肘上提

图7－55　立肘起落

2. 立转回环

接上动，以左肘尖为力点由胸前向左侧身后的体中线位置上，经过头顶上方划圆，身体左转，同时，两掌对旋，目视身后，如此两肘立体圆转循环练习。（图7－56～图7－60）

图7－56　合手右转

图7－57　起肘合手

图7－58　立肘上提（1）

图7－59　立肘上提（2）

图7－60　合手左转

3. 右转横肘

接上动作，身体右转，左肘横击胸前。然后做与 1、2 相同动作，只是身体左右侧相反。(图 7－61～图 7－65)

图 7－61　揉球合手

图 7－62　转身合手

图 7－63　胸前合手

图 7－64　揉球右转

图 7－65　转身横肘

要　点：上体转动下肢特别是膝关节不可摇摆，腰动下肢固定，两臂始终保持抱球的饱满状态，虽然肘上抬，但是，同样要求沉肩坠肘。

技击作用：肘法太极拳八法之一，通常理解为用肘尖击打。

（八） 靠桩练习

1. 右肩前靠

从中丹田抱球开始，左掌内旋有向外抓采含义，右掌对左掌心外旋，左右掌如同拢转一个球，向左侧肋尽处沉落，右肩主动向身体中线前靠出，目视前方。(图 7－66、图 7－67)

图 7－66　胸前抱球

图 7－67　采腕前靠（右）

2. 右左肩后靠

接上动，右肩向身后 45 度斜方向出，此时左肩再向左身后斜 45 度靠出，然后身体回旋至中间位置；同时，两掌旋开成抱球中桩高度，掌心对膻中穴，随身体转动，目视前方。（图 7－68 ~ 图 7－73）

图 7－68　侧身靠肩

图 7－69　后斜靠肩

图 7－70　背后靠击

图 7－71　左侧靠肩

图 7－72　回环靠肩

图 7－73　胸前抱球

此是先做左侧的靠，接着从中桩抱球位置，向右旋掌右侧转体，左肩前靠，再做左、右肩后回环靠击，如此左右循环练习。（图 7－74～图 7－79）

图 7－74　采腕前靠（左）

图 7－75　侧身靠肩

图 7－76　后斜靠肩

图 7－77　背后靠击

图 7－78　回环靠肩

图 7－79　回环靠肩

要　点： 全部过程是一个以躯干垂直轴为转动轴的圆转动作，包括前肩靠 1 次，后肩靠 2 次，充分放松，利用身体整体的劲力，力达肩部不同侧面，向前力点在肩侧面，向后力点在肩胛骨上缘。

技击作用：此动主要练习靠，靠是在掤劲基础上，身体整体合力的撞击劲力。最为常见为肩靠，有前肩靠、后肩靠之分，被靠的感觉就像被小车撞击一样。靠结合其他方法使用，如对方以肘横击我胸部，我即化劲用肩靠击，或者对方冲拳直击我头部，我引动对方拳至身后，利用后肩靠击。套路中的白鹤亮翅动作就有肩靠的含义。

二、器械训练

太极拳推手的辅助器械训练内容很多，这里主要介绍传统辅助器械训练。

（一）抖大杆（枪）训练

这是传统武术劲训练中借助器械训练周身整劲的手段。主要取材于形意拳、太极拳等拳种训练方法。（图 7－80、图 7－81）

图 7－80　抖大杆（正面）

图 7－81　抖大杆（侧面）

练习方法：两脚开立与肩宽，双手保持与肩宽握大杆根，利用胯的摆动，将脚底力上传到大杆，使杆头水平摆动，也可以上下抖动等多种方法练习。

意识：关注两胯关节。

呼吸：自然深呼吸，不可憋气。

负荷：运动量，一般 10 次为一组，练习 5 组。强度，以白蜡杆的韧度不断为度，一般摆动到左右约一米范围内为度。

（二）揉球练习

练习方法：两脚开立，将球（球的材质可以选择木、石、橡胶，较为方便的材料可以选择篮球等），重量一般 20 公斤左右（可以根据自己情况决定），置于平整桌面（台面），用手臂做各种技法滚转球，也可以将球平贴墙面上练习。

意识：关注手臂与球接触点劲力变化。

呼吸：自然深呼吸，不可憋气。

负荷：运动量，一般 10 次为一组，练习 5 组。强度，以可以拨动球且需要周身用劲为度，一般以贴墙挤住球不掉为度。（图 7－82、图 7－83）

图7－82　单手揉球

图7－83　双手揉球

（三）抹辫练习

图7－84　捋式练习

练习方法：两脚开立，将辫（辫的材质可以选择布、绸缎、麻绳或体能训练的弹力带等），长度一般2米，宽度20～30厘米（可以根据自己情况决定），将辫拴于稳固的铁架子或者树木等固定物上，用手臂做各种技法缠转、捋、采等。（图7－84～图7－86）

意识：关注手臂与辫接触点劲力变化。

呼吸：自然深呼吸，不可憋气。

负荷：运动量，一般10次为一组，练习5组。强度，以不拉断辫（带）为度。

图7－85　采式练习

图7－86　捌式练习

思考题

1. 试分析太极拳推手训练原则的特点。
2. 太极拳推手传统训练方法的优势和不足是什么？

参考文献

1. 杨锡让．实用运动生理学[M]．北京:北京体育大学出版社,1998:197.
2. 武冬,熊开宇,宋渊．形意拳三体势站桩肌电变化研究[J]．北京体育大学学报,2012,35(4):65.
3. 田麦久,刘大庆．运动训练学[M]．北京:人民体育出版社,2012.

第八章　太极拳推手游戏

本章提要

1. 太极拳推手游戏能体现太极拳的思想。
2. 太极拳推手游戏能激发学习兴趣。
3. 游戏方法可以灵活应用。

传统太极拳推手一般从单推手、四正手开始练习，由于刚开始难以掌握太极拳推手的巧妙技术，看上去像摸鱼似的慢吞吞，不容易引起学习者兴趣，特别是对青少年而言，难以适应活泼好动的需求。因此创编太极拳推手游戏对教学和推广太极拳推手有益，因为游戏是人的天性，在玩中可以体悟太极拳推手的乐趣和道理，增强体质，促进身心健康。

一、一马当先（马步对推）

准备动作：两人一组、配合练习。两人面对面站立，两脚开步略宽于肩。两腿屈膝半蹲成马步，身体保持中正不偏移。两人的间距是握拳手臂伸直向前平举，拳面刚刚相贴，两人四指并拢成基本掌型。

游戏方法1：两人手掌相接，持续用力推对方，肘关节不弯曲、手指并拢不可抓握。以推动对方失去平衡，出现除双脚外任何身体部位着地，或者一脚、双脚出现移动、脚跟离地为输。（图8－1）

游戏方法2：两人都可以用两掌持续或快速推击对方，当受到或将要受到对方的推击时可迅速屈肘卸力，闪化对方推击，使对方重心不稳，身体失去平衡，出现除双脚外任何身体部位着地，或者一脚、双脚出现移动、脚跟离地为输。（图8－2）

图8－1　马步对推

图8－2　闪化对推

游戏规则：两人用手掌依次或同时推击对方，手指不可抓握、拉扯对方身体或者衣服。凡保持自身平衡稳定，不发生倒地，脚步不能出现移动或跳动为赢；而失去平衡，脚步移动或者倒地，拔脚跟为输。

练习要求：

1. 修剪指甲，防止抓伤对手或者自己指甲劈裂受伤。
2. 不佩戴手表、手链等饰品，避免物品损坏，伤及身体。
3. 穿宽松舒适的运动服，保证能够下蹲成马步，动作不受影响。

锻炼功能：

1. 锻炼下肢肌肉耐力和身体的平衡稳定控制能力。
2. 提高神经系统的反应力。
3. 提高灵敏素质。
4. 体会太极拳中定的功夫。

教学难度建议： 根据练习者不同的年龄和身体素质水平等因素，选择屈膝下蹲成马步时大腿面的高低程度，马步蹲得越低，锻炼的强度和难度就越大，锻炼的功效也就会越明显。

二、随曲就伸（弓步拉推）

准备动作： 两人面对面并步站立，（以右手为例）间距以手臂伸直后，两手掌握住为宜。然后，两人同时撤左腿成右弓步，左手放置腰胯间或背到身后命门处。两人可以用拉、引、推、送等方法破坏对方的重心。（图 8－3）

图 8－3　弓步拉推

游戏规则： 两人手掌相握不能脱离，双方除了手臂屈伸用力对抗外，不能借用肩靠、头顶等部位和方法作用于对方。凡使对方出现脚步移动、跳动或倒地，而自己保持稳定，脚步不动为获胜。

练习要求：

1. 不佩戴手表、手链等饰品，避免伤害事故发生。
2. 穿宽松舒适的运动服，能够保证重心前后倒换、弓步步型变化时的下蹲幅度。

锻炼功能：

1. 主要锻炼腿部肌肉力量及柔韧性，此游戏动作幅度加大，强度增加。
2. 体会太极拳推手柔化技术。

教学难度建议： 根据练习者不同的年龄和身体素质水平等因素，选择撤步成弓步的大小，弓步两腿间距越大，锻炼的强度和难度就越大，锻炼的功效也就会越明显。

三、力拔山兮（仆步拔河）

准备动作：两人面对面，直立并步站。手臂伸直，十指半曲、两两扣握。

游戏方法1：两人一左一右开步，屈膝下蹲侧身成仆步，均匀持续用力拉对方。一方先出现身体倒地或脚步移动则为输。（图8－4）

图8－4　仆步拔河

游戏方法2：两人站立成准备姿势，当教师发出“做（左、右）”口令时，双方随机开左或者右脚侧屈成仆步。比双方的身体稳定性和反应能力，一方先出现身体倒地或脚步移动则为输。

游戏规则：仆步抗力过程中，持续用力或快速突然用力，拉动对方脚下移动或身体重心破坏为获胜。

练习要求：

1. 两人十指蜷曲扣握或者扣握手腕，不可故意松开。
2. 不佩戴戒指等饰物，避免伤害事故发生。
3. 穿宽松舒适的运动服，能够保证重心左右倒换、仆步步型变化时的开步幅度。

锻炼功能：

1. 练习身体的平衡稳定能力、反应和灵敏素质。
2. 提高腰髋和腿部的柔韧性。
3. 体会太极拳推手的“人不知我，我独知人”的判断功夫。

教学难度建议：根据练习者不同的年龄和身体素质水平等因素，选择开步成仆步的大小，仆步屈膝腿越低，两腿间距越大，锻炼的强度和难度就越大，锻炼的功效也就会越明显。可以根据实力选择不同体重级别的对手为配合对象进行练习。

四、金鸡独立（提膝推化）

准备动作：两人面对面站立，间距约两臂。（以右脚独立为例）左脚抬起，脚底贴在右膝关节内侧。单足支撑的情况下，两手掌依次或同时推、拨对方躯干或上肢，保持自身平衡稳定，使对方左脚离开右膝关节或触地，以及右脚发生跳动为获胜。（图 8－5）

图 8－5　独立推化

游戏规则：

1. 左脚底贴在右膝关节内侧不能掉下。
2. 支撑腿可以屈膝缓冲、也可允许有小范围的移动，但不可出现跳动。
3. 手掌可以推或拨对方躯干及上肢部位，不能撕、拉、抓、打对方身体其他部位。

练习要求：

1. 服装宽松，利于完成提膝。
2. 不穿高跟鞋，防止摔倒崴脚。

锻炼功能：

1. 锻炼腰、腿、踝关节部位的肌肉力量。
2. 提高提膝状态下的平衡能力和柔韧性。
3. 练习太极拳独立动作稳定能力。

教学难度建议：根据练习者身体、年龄等情况决定游戏难度。动作的难度和强度取决于单足支撑坚持的时间长短。时间越长，说明腿部的肌肉力量越强。一般练习以 1 分钟为一局。

五、太极雕塑（奇拳怪招）

图 8－6　太极雕塑

准备动作： 两人一组，可以多组游戏。一人放松站立，同伴搬动其肢体，随意摆放成太极拳中的典型拳式造型。被摆动的人，要根据摆动人的意愿控制自己身体完成相应动作，然后依次交替轮换。两人之间，或者组间比赛。

游戏规则： 被摆成雕塑的人，要控制身体，必须放松不抗力，就像柔软的细曲别针一样，随意被同伴摆动，完成各种动作造型，按造型难易程度评判胜负，一般一局 1 分钟。（图 8－6）

练习要求： 练习此游戏前，要做一定的热身活动，防止受伤。衣服宽松舒适，按照太极拳中的拳势或者夸大动作造型，摆动像雕塑一样，摆出好看、有趣、独特的造型。

锻炼功能：

1. 练习身体的协调控制能力。
2. 练习形象思维力。
3. 提高太极拳动作外形的控制力。

教学难度建议： 游戏动作练习的难度在于动作幅度大小，支撑单脚还是双脚，身体柔韧度等要素。

六、稳如泰山（弓步扎根）

准备动作： 两人游戏，一人弓步，身体直立，两手背后或屈放胸前。另一人，用手掌从不同方向推其躯干部位。手掌在推的时候，要求不能离开对方身体。在规定时间内（一般 1 分钟为一局），推动对方身体。出现身体弯曲变形，脚下移动、跳动为负。（图 8－7）

图 8－7　弓步扎根

游戏规则：

1. 被推的一方，要保持身体中正直立，弓步立稳。出现身体弯曲变形、脚下移动、跳动则为输。

2. 推的时候，需要手掌与对方身体充分接触不离开，并持续 3 ~ 5 秒，不可故意击打对方。

练习要求：推的一方，用手掌持续推对方身体躯干部位，不能采用击打或拉拽等方法。

锻炼功能：

1. 练习身体在外力干扰下的平衡稳定控制能力。

2. 练习太极拳推手中推不动的功夫。

教学难度建议：在推的时候，手掌作用到身上的时间长短、方向多变决定练习难度不同。根据练习者身体情况可以做适当限制或者放开要求，调整练习难易程度。

七、上善若水（躯干化力）

准备动作：两人一组，一人弓步，两手背后或屈抱于腹前。另一人用单手或双手推击对方肩、胯、膝等不同部位。当对方推来，被推者就需要化，保持自身的平衡稳定。两人依次交替练习。（图 8 – 8）

图 8 – 8　躯干化力

游戏规则：被推者，手臂固定不要张开，靠腰胯、躯干部的旋转折叠，以柔化解攻击力，维持自身平衡。推人者推击对方躯干固定或者不固定的部位，以破坏对方身体重心。出现脚步移动、跳动或倒地为负。每局一般 1 分钟，然后交换攻守方。

练习要求：推人者按要求的部位，以手掌推击，力度适宜，不可击打。

锻炼功能：

1. 锻炼身体随屈就伸、因力变化、不抗力重柔化的感知和控制能力。

2. 练习太极拳以柔克刚功夫。

教学难度建议：推人者采用单手推击，固定一个部位（如右肩）相对难度低，随着采用双手推击，增加被推的部位，难度增加。

八、我守我疆（圈里靠挤）

准备动作：两人或多人完成，划定一定直径（通常以一大步约一米长度）大小的圆圈。人站在圈内，背靠着背，手臂叠放在腹部或胸前。确保自己站立圈里，用后背挤靠圈内的其他人，使其他人出圈，出圈者被淘汰，直到圈内只剩一人为获胜，完成一局游戏。（图 8－9）

图 8－9 圈里挤靠

游戏规则：

1. 上肢手臂贴紧躯干不能张开，不可用手或肘推、拨、拉、拽、顶、撞等。
2. 下肢膝关节可以弯曲缓冲，但不可以有提膝、蹬踹等动作。

练习要求：

1. 一般男女分开小组进行。
2. 有伤病情况的学生不要参与此游戏。
3. 服装适宜且身上不能携带锐器。

锻炼功能：

1. 培养自我保护、抵御外侵的意识。
2. 增强身体碰撞的对抗能力。
3. 练习太极拳推手的挤靠功夫。

教学难度建议：

1. 选择不同直径大小的圆圈，圈越小对抗性越强。
2. 选择不同人数和不同身体素质的参与者，人越多，身强体壮，游戏激烈程度越高。

以上八个游戏主要是根据太极拳推手的运动特点设计，体现太极拳“中定”“以柔克刚”“随屈就伸”等特点，实际应用中，可以按照太极拳原理和游戏理论创编更多的特色游戏，丰富太极拳推手练习内容。

思考题

1. 请你根据太极拳推手和游戏原理，创编一个新的游戏。
2. 自己玩一个太极拳推手游戏，谈谈体会。

参考文献

[1]中华人民共和国体育运动委员会运动司武术科编．太极拳运动[M]. 北京:人民体育出版社,1958.

[2]沙国政．太极拳对练[M]. 北京:人民体育出版社,1980.

[3]曾炯球．体育游戏大全[M]. 浙江:杭州大学出版社,1990.

附 录

太极拳推手课程考勤及课堂体会表

日期	月 日	月 日	月 日	月 日	月 日	月 日	月 日	月 日
体会 教师签字								
日期	月 日	月 日	月 日	月 日	月 日	月 日	月 日	月 日
体会 教师签字								
日期	月 日	月 日	月 日	月 日	月 日	月 日	月 日	月 日
体会 教师签字								
日期	月 日	月 日	月 日	月 日	月 日	月 日	月 日	月 日
体会 教师签字								
日期	月 日	月 日	月 日	月 日	月 日	月 日	月 日	月 日
体会 教师签字								
日期	月 日	月 日	月 日	月 日	月 日	月 日	月 日	月 日
体会 教师签字								